谢晓英 ◎ 著

教师如何

How to

写论文

Write a Paper：

来自编辑的建议

Advice from Editor for Teachers

华东师范大学出版社

·上海·

图书在版编目（CIP）数据

教师如何写论文：来自编辑的建议／谢晓英著 . —上海：华东师范大学出版社，2023

ISBN 978-7-5760-3852-1

Ⅰ . ①教 ... Ⅱ . ①谢 ... Ⅲ . ①教学研究—论文—写作 Ⅳ . ① G420

中国国家版本馆 CIP 数据核字（2023）第 081904 号

教师如何写论文：来自编辑的建议

著　者	谢晓英
责任编辑	顾晓清
审读编辑	陈锦文　赵万芬
责任校对	张佳妮　时东明
封面设计	朱静蔚

出版发行	华东师范大学出版社
社　址	上海市中山北路 3663 号　邮编　200062
网　址	www.ecnupress.com.cn
客服电话	021 - 62865537
网　店	https://hdsdcbs.tmall.com

印刷者	南通印刷总厂有限公司
开　本	787 毫米 × 1092 毫米　16 开
印　张	14.25
版面字数	113 千字
版　次	2023 年 6 月第 1 版
印　次	2025 年 4 月第 8 次
书　号	ISBN 978-7-5760-3852-1
定　价	58.00 元

出版人	王　焰

（如发现本版图书有印订质量问题，请寄回本社市场部调换或电话 021-62865537 联系）

目 录

CONTENTS

Part 2　如何将一节课变为论文

Part 3　如何将课题成果转化为论文

自序　记录一本书的诞生

　　我本科是师范专业，大三教育实习曾在高中代课半年。大学毕业后，继续读研，攻读课程与教学论专业。读研期间我时常跟随导师沈晓敏教授参加教研活动，向优秀的教师学习如何上课。总之，我朝着成为一名光荣的人民教师的目标努力着。研究生毕业之后，机缘巧合之下，我成为一名教育期刊编辑。我们杂志主要的读者和作者是中小学教师、教研员等，主要刊登的文章涉及课程、教学、教材和评价等领域。虽没去学校做老师，但我自认为也是"半个老师"。我每天工作中打交道最多的是中小学教师，经常性地参与各类教科研活动。读研期间，我也曾参与《全球教育展望》杂志的编辑校对工作。这段经历让我对编辑工作有了初步的认识和了解。毕业之后，我正式成为一名编辑，对编辑的职责了解越清晰，对出版了解越全面，愈发觉得编辑出版之复杂和编辑素养要求之高。

　　2017 年 3 月份，我开始来《上海课程教学研究》编辑部实习。自从实习开始，我发现中小学教师和高校教师、研究生写作差异较大。于是，我开始有意无意地记录一线教师来稿的典型共性问题，同时针对这些问题该如何改进，我也会记下自己的想法。慢慢地，案例积累越来越多。再加之，经常有青年教师、校长、教研员、科研员等和我探讨该如何破解一线教师论文写作难题。随着时间的推移，我对一线教师在论文写作方面的困惑与需求的认识逐渐清晰。我结合编辑的日常工作经验和积累的素材，开始写作本书。

一　教育期刊编辑的日常

图书、期刊等各类出版物对大众而言是不陌生的，但对它们的"幕后"生产者——编辑，却知之甚少。大众眼中的编辑形象，有的过于抽象，也有的过于具象。本书是在编辑日常工作中孕育出来的。让我们一起来揭开编辑的"神秘面纱"，了解教育期刊编辑的职责。

（1）**约稿**。编辑向作者约稿并不是简单地和作者讲："啊，欢迎老师来稿哈！"约稿并不是简单地向作者发出一个写作邀约，而是和作者共同创作的一个过程。编辑是连接作者和读者的桥梁。编辑在约稿前，需要尽可能地了解读者需求、出版相关要求，向作者传达。编辑在向作者约稿前，要大致确定选题、写作方向和具体呈现形式，这样作者撰稿方向更明确。在作者撰稿过程中，编辑和作者不断商榷，最终完成一份高质量的稿件。约稿时编辑心中要有"读者"和"作者"。编辑要熟悉作者的个人特点和研究领域，针对他感兴趣、擅长的领域来约稿；编辑要清楚地知道读者的需求，邀请相应领域的专家来撰写读者需要的内容。

（2）**审稿**。好文章是磨出来的，直接录用的文章几乎没有。每篇录用的文章，编辑都需要从三个方面进行严格把关，提出修改建议。一是从出版、编辑专业领域，以及国标、行业标准方面，编辑向作者说明相关出版规范和要求，请作者按照出版要求来修改，如参考文献格式、图表格式和摘要撰写要求；二是从具体学科和教育教学角度，编辑除了要熟知相关出版要求，还要了解具体学科和教育教学研究领域，从而提出更有针对性的修改建议；三是从写作手法、呈现方式，如文章结构布局、内容取舍，哪一部分突出，哪一部分略过等。

（3）**参与各类专业活动**。编辑日常是作为一个具有专业身份的人来参与各类教科研活动，不是简单地改错别字，回复作者、读者来稿来电。编辑需要了解期刊对口领域的研究动态，时时关注编辑、出版领域动态，经常充电。这样在约稿和审稿时，编辑才能游刃有余。所以日常，编辑至少需要参与三类专业领域的活动、会议：①参加中小学各类活动（各级各类教研活动、科研项目、教科研评比等），了解一线教育教学动态；②参加教育专业领域学术会议，如课程、评价、教学和教材研究等领域的活动，各类教育热点相关的学术会议等；③参加期刊、出版同行学术会议，了解行业动态，提升编辑素养。

（4）**编辑校对及事务性工作等**。校对、改错别字——这是大众对编辑最普遍的一个认知。不同类型的编辑，工作内容差异较大。编辑校对、走出版流程，这只是编辑工作的一小部分。除此之外，编辑还有不少事务性工作需要处理，如准备期刊主管部门每年进行的各类考核的相关材料，处理期刊和各类数据库之间的对接工作，期刊每年的发行、征订等。

二　本书写作初心

（一）解决一线教师写作难题

一线教师在日常教学中，积累了大量的实践智慧，但对如何把这些感性的教学实践经验上升为理性思考变为论文，他们缺少具体的方法和路径。我通过与一线教师访谈、笔谈和深度剖析审稿过程中积累的大量真实、典型案例，最终汇总出一线教师论文写作过程中最常见的十个问题。针对论文写作的常见共性问题，本书提供可落地、可执行的具体改进办法。

（二）助力研究型教师成长

无论从哪个角度讲，论文写作都是一线教师成长过程中绕不开的话题。基础教育阶段高学历的教师越来越多，这是不争的事实。未来界定优秀教师，科研能力势必是关键指标之一。在从教生涯之初，年轻教师会不断地听到这样的声音，"年轻教师从教前两三年要站稳讲台"。若我们在从教之初，就重视科研，可以更快地成长，站上更高、更大的讲台。教研活动、学术会议的影响范围、传播时空相对公开的学术发表来说较为有限。在一本广受认可、读者群体广泛的期刊上发文，所有同行都能看到你的成果。论文一经发表，数据库会永远替你保存，永久流传。

（三）为你我而写，回应所爱

平时在与读者、作者交往过程中，他们对我是无比信任的。他们认为我是师范出身，平时也经常听课，既了解教学、一线教师的困惑与需求，作为期刊编辑又知晓学术写作规范，我在论文写作方面有发言权。我的读者，我的作者，希望我可以写一本书，从编辑的角度，探讨一线教师该如何写论文。起初，我也有诸多顾虑，我自己是一个青年编辑，资历尚浅，怎好为人师，指点江山，教别人写作呢？经过五六年的积累，我指导的文章有更多的发表，有更多篇被人大复印报刊资料转载；我指导的课题，成功申报成为各级、各类课题；我的论文写作课程，由原来的私人交流、分享，到被制作成在线课程……我想也是时候给亲爱的读者和作者一个回应啦！不负读者所盼，我热爱我的职业，我愿意将自己的编辑工作经验做系统整理，与更多的同道中人交流、切磋。

三　本书形成过程

（一）写作起点

我平时记录论文写作典型问题的文件名是《编辑手记》。《编辑手记》最初包括三部分内容：一是论文投稿方面的常见问题；二是论文写作方面的典型问题；三是一线教师论文选题方面的难题。2018 年 4 月有机会和一所学校的教师交流论文写作，他们迫切希望我从编辑的角度谈谈该如何写论文。再后来发现有这样需求的学校、教育学院、工作室等越来越多，所以，我将《编辑手记》的内容做了系统梳理，形成了"一线教师学术论文发表与写作"报告。报告包括论文投稿、写作和选题三部分内容，每部分先呈现常见问题，并提出相应的解决措施，同时辅以大量的案例加以说明。这是本书第一部分的写作起点，从这一刻起我正式开始酝酿。

（二）基于读者需求充实内容

在平时和教师的交流过程中，我经常听到，老师说，"让开课还行，课毕竟是天天上的，公开课再难，总是能开的。但写论文和上课不一样啊。课是课，论文是论文。让'我'将一节课变为论文无从着手"。这是一线教师普遍面临的难题。所以我开始思考"公开课与论文写作"，如何将一节好课变为论文。

一线教师写论文，不少是因为评职称的需要。和一线教师交流时，我偶尔会提到，我们作者是用这篇文章作为职称鉴定论文的，他拿了 A。或者是这位作者的文章被人大复印报刊资料转载了，他用这篇文章作为评正高、特级的科研成果了。言者无心，听者有意。有学校就提出来，我能不能从编辑的角度和大家分享一下该如何准备职称鉴定论文。我研究得 A 的职称鉴定论文的特点，了解职称评定有关科研成果方面的要求，和职称论文高评委交流，完成这一部分内容。至此，本书第二部分内容的雏形出来了。

上好课、写论文、做课题这三方面是一线教师专业发展道路上绕不开的三关。不少一线教师认为这是三件相互独立的事情，它们泾渭分明、井水不犯河水。其实，上好课、写论文和做课题三者紧密相连，完全可以当作一件事来做。做课题和写论文有很多共同之处，可以相互借鉴。有老师听过我"公开课与论文写作（课例撰写）"的分享，知道可以将一节好课变为一篇文章。而一线教师在课题申请书撰写和课题成果转化为论文上存在诸多难题。针对这些问题，我开始着手准备"编辑视角下的课题申请"。这是本书第三部分内容的写作基础。

（三）机缘已到，正式开始写作

2020 年底的时候，华东师范大学开放教育学院了解到我关于论文写作的内容接地气、干货多，这是当前中小学教师迫切需要的。于是，华东师范大学开放教育学院将这些内容做成在线课程，供全国来进修的中小学教师选修。也正是因为这次机会，我将原先的内容做了进一步的充实和完善。这也让我有信心将这些内容整理成为一本书。2021 年 11 月，我和华东师范大学出版社顾晓清老师见面谈书稿。我讲了平时和一线教师分享交流的情况和对书稿的初步设想，顾老师也提出了自己的建议，我们一拍即合。于是，我正式开始本书的写作。

四　本书特点

（1）**理念鲜明**。务实不务虚，本书直击一线教师论文写作痛点。

基于读者需求、读者习惯，解决一线教师论文写作的种种难题。本书立足一线教师日常教学实践，解决论文写作过程中的具体问题。上好课、写论文、做课题三位一体，切实转变一线教师科研观念。读罢此书，让教师有"蓦然回首，论文就在你身边"的豁然开朗之感。本书是在论文写作课程基础上形成的，所以写作过程中，我还是尽可能保留了一些现场授课感。我希望读者在阅读这本书时，就像和我在现场对话一样轻松、愉悦。

（2）**结构特点**。本书三部分内容看似独立，实则紧密相连，环环相扣，有贯穿始终的内容，也有前后呼应的内容。第一部分论文写作面面观，扫除论文写作"拦路虎"；第二部分重点突破，主攻"如何将一节课变为论文"；第三部分融会贯通，消除上课、论文和课题之间的鸿沟，把一件事情做成三件事情。这三部分内容，有内在逻辑，但打乱顺序看也不影响正常阅读。因为一线教师的日常是以一节课、一个课间为时间单位的，教师没有太多大段大段的时间，需要利用碎片化的时间来阅读、来写作。所以我依据一线教师的时间安排特点，设计本书各个小节的内容，方便读者用任何零碎的时间来阅读本书。中小学教材由不同的板块组成，有正文、有辅文，这是一线教师所熟悉的。所以在正文之外，我也设置了不同的栏目，如"编辑说""资料窗"等。

（3）**内容特点**。本书短小精悍，内容接地气，干货满满。在写作之初，本书的性质、篇幅已经十分明确。我设想这本书要像说明书一样简洁、明了，让读者看了可以直接拿来用，切实有助于论文写作。论文写作过程中，哪个地方不清楚了，可以随时翻出来，查看相应的小节。篇幅尽可能精简，能用案例，决不空讲道理。不空讲原则和要求，只谈具体问题和做法。没有这原则，那要求，更没有条条框框一箩筐。开门见山，有事儿说事儿，决不无病呻吟。从编辑视角出发，提供丰富鲜活的案例，立足教师日常教学，提炼论文写作方法和经验。

感谢我的导师华东师范大学教师教育学院沈晓敏教授。毕业后虽不能经常见到老师，但工作和生活中总会时时回想起在校跟随老师学习的点点滴滴，更深刻体会到求学时光的宝贵。老师严谨治学的精神，平实且具有前瞻性的研究领域，为人做事的风格……无一不深深地影响着我，让我受用终身。受老师影响的印记在这本书中无处不在。

感谢华东师范大学国际与比较教育研究所沈章明副教授一直以来对我的鼓励和指导，以及对书稿写作提出的大量让我深受启发的建议；感谢复旦大学脑科学转化研究院张淑红老师对我一直以来的关心和帮助，是你坚定了我写作本书的信心；感谢上海市文来中学王洁老师，和王老师随时随地讨论，总能启发我的灵感；感谢杭州师范大学经亨颐教育学院董泽华博士帮忙审阅书稿目录并提出令我醍醐灌顶的建议；感谢所有为本书提供案例的老师们；感谢《上海课程教学研究》杂志的领导和同仁一直以来对我的关心和帮助；感谢家人的陪伴、理解和支持，你们是我前进的最大勇气和动力！

感谢华东师范大学出版社对本书出版的大力支持！作为编辑，我深知一本书顺利出版，背后有多少同仁为之付出辛苦和努力，感谢所有编辑同仁！

亲爱的读者，谢谢惠顾！本书不足之处，请告诉我（xiexiaoying2017@126.com），让我有机会更正，谢谢大家！

教师如何
写论文

Part 1

论文投稿、
写作与选题

　　不少一线教师提起论文写作可谓是"抗拒三连"（不敢写，不想写，不会写）。在本书中，我会从编辑的角度和大家分享关于论文写作的方方面面，为大家写作提供可操作的路径。在日常审稿过程中，我积累了大量真实、典型的案例，我会结合这些具体案例进行分析。从反例吸取经验，从正例学习方法。本讲主要包括三部分内容：（1）论文投稿，编辑部审稿流程和论文录用标准；（2）论文各部分（题目、摘要、关键词、引言、结构布局等）写作常见问题及改进办法；（3）论文选题，一线教师论文选题从何而来，该如何确定选题。我们采用"倒叙"的手法，先看论文发表，接着再看论文具体如何写，最后再看写什么。

第一章　你还在为投稿发愁？

编辑说　我们写论文不是为了自我珍藏，而是要与同行交流、分享。如何提高投稿录用概率？编辑来划重点——首先，投稿前做足功课，锁定目标期刊群；其次，期刊出版流程是漫长和复杂的，投稿要趁早；再次，了解期刊审稿标准，写作有针对性；最后，关注投稿细节，打通文章发表"最后一公里"。

论文发表难，难于上青天。这句话能够引发很多人的共鸣。其实，投稿说难也不难。投稿之前认真做功课，我们也能找到"终南捷径"。为了顺利发表，在投稿之前，我们首先要了解以下四个方面：一是了解目标期刊的来稿要求、发文风格和选题类型等，这样可以避免盲目投稿，节约我们的时间和精力；二是了解编辑部的审稿流程和期刊的出版流程，这样可以让我们更好地安排时间，不"耽误"文章发表；三是了解编辑部审稿标准，这样我们在写作时更有针对性，可以"写其所好"；四是投稿的时候有一些细节性的问题，我们也需要关注，这样可以增加稿件的录用概率。

（一）锚定目标期刊群，文章发表有把握

我们了解投稿目标期刊，需要关注三个方面：一是了解目标期刊性质，是基础教育类刊物还是高等教育类刊物，是理论类刊物还是实践类刊物，是专业类刊物还是综合类刊物，等等；二是了解期刊风格，发文风格、类型，重点选题等；三是了解期刊级别、所获荣誉。一般来说刊物级别和发文难度是成正比的。

1. 了解期刊性质

期刊按照不同的分类标准，可以分为不同性质的期刊；按照期刊服务的学段划分，可以分为基础教育期刊和高等教育期刊。有些基础教育期刊是服务整个基础教育阶段的，中小幼、中职各个学段都有涉及，如《上海课程教学研究》《基础教育课程》等；有些基础教育刊物只针对某个具体学段，如《小学教学研究》《学前教育研究》《幼儿教育》等；有些期刊是聚焦特定学科，如《小学语文》《中小学英语教学与研究》《中学物理》等。在投稿的时候，我们要对照自己的文章是否和目标期刊的学段、发文类型相匹配。如果是中小学方面的，我们就找相应的中小学方面的期刊投稿；如果是与德育相关的文章，我们要投德育方面的期刊。

投稿前，我们还需要了解目标期刊是理论类刊物还是实践类刊物，是综合类刊物还是专业类刊物。综合类刊物相对来说涉及的面更广，教育的方方面面都会涉及。教育专业类期刊一般只涉及教育的特定研究领域，如课程、教学、评价、德育等，或者说只服务特定的群体，如班主任、校长或某个学科的教师等。大家在投稿的时候，根据文章内容，找相应的期刊投稿，这样可以大大增加我们稿件的录用概率。比如，一本期刊主要关注基础教育阶段的课程、教学、教材和评价等领域，没有班主任、德育、学生心理等方面的栏目。那么，这些文章即使写得再好，但杂志没有相应的栏目，也只能忍痛拒稿。

按照期刊刊出周期划分，期刊分为年刊、季刊、双月刊、月刊、半月刊、旬刊和周刊等。期刊的刊出周期不同，文章刊出的速度也不一样。顾名思义，年刊就是以年为单位，每年刊出一期；季刊是以季度为周期，每个季度刊出一期；双月刊是每两个月出版一期；月刊是每月刊出一期；半月刊是每月出版两期；旬刊是每个月上中下三旬，各刊出一期；周刊是以周为出版周期，每周刊出一期。如果我们想要文章快些发表，尽量投刊出周期短的期刊，如月刊、半月刊等。期刊的出版周期决定了我们文章的刊出速度。出版周期越短，文章刊出速度也越快。一篇英语学科教学方面的文章，我们投稿英语方面的月刊，相对综合类的季刊、双月刊刊出的速度就会快一些。

2. 了解期刊风格

每种期刊都有自己的定位和特色，办刊宗旨和主要的服务对象不一。每本期刊的风格各异，各有特色，偏好不同。我们在投稿前，需要对目标期刊的风格有大致的了解，如作者和读者群体、偏好哪种类型的选题、文章语言文字风格，等等。有些期刊不发表教育随笔、教学案例，如果我们投一篇教育随笔、教学案例，则不可能被录用。如果目标期刊往期刊出的文章语言文字偏严肃，我们的文章语言文字过于活泼，那么文章被录用的概率也不大。我们只要对目标期刊的风格有所了解，在投稿时，就可以做到有的放矢。

此外，我们需要了解目标期刊有哪些栏目。一般来说，期刊有三类栏目：重点栏目、常设栏目和新开栏目。重点栏目和常设栏目反映了期刊的办刊宗旨和办刊特色，是一本期刊重点打造的栏目。新开栏目一般情况下是根据新近发生的一些热点话题，新增开的一些栏目，这些栏目因为刚刚开设，相对来说稿件需求量也大，如果你是这方面的来稿，文章会受到编辑更多的关注，则被录用的概率也会大大提高。

3. 了解期刊级别

一般情况下，投稿难度和期刊级别是成正比的。目标期刊级别越高，投稿难度越大。所以我们在投稿的时候可先了解一下期刊级别，然后自己进行评估。再就是根据我们的需要，因为在评职称的时候，不同级别的职称对我们发文章的期刊级别的要求也是不一样的。例如，评正高、特级教师的时候，一般要求在核心期刊上发表文章。

我们了解目标期刊，最简便的办法是从官网看一下目标期刊简介和来稿要求，了解一下目标期刊的大致情况，如主办方、刊期、发文要求等。同时，我们还要再看目标期刊往期刊出的文章。通过看往期的文章，我们对杂志发文风格有一个大致的了解。

我们应尽量从官方渠道了解目标期刊，如期刊的微信公众号、杂志官网，或者专业数据库（中国知网、万方、超星、维普等）。我们尽量不要直接从网页上检索期刊，网页上面广告居多，甚至有的还是钓鱼网站。所以，我们要从官方、正规渠道了解目标期刊。

资料窗　基础教育各类期刊

（1）教育综合类期刊：涉及多个研究领域、多个学段

《上海课程教学研究》《课程·教材·教法》《教学与管理》《教育研究与评价》《中小学课堂教学研究》《中小学教学研究》《教学月刊（中学版）》《教育理论与实践》……

（2）学科类期刊：针对具体某个学科

语文：《中学语文教学》《中学语文教学参考》《语文教学通讯》《语文建设》《语文学习》《语文月刊》《中学语文》《小学语文》……

数学：《中学数学教学参考》《中学数学》《数学通报》《中学数学月刊》《数学教学通讯》《数学教育学报》《小学数学》《小学数学教师》《小学数学教育》……

英语：《中小学英语教学与研究》《中小学外语教学》《英语教师》《英语学习》《基础外语教育》《基础外语教学研究》……

其他学科：《中学政治教学参考》《思想政治课教学》《生物学教学》《中小学音乐教育》《物理教师》《历史教学》《化学教学》……

（3）专业类期刊：针对特定的群体和研究领域

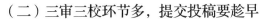

《班主任之友》《中小学班主任》《班主任》《中小学教师培训》《中小学管理》《中国德育》《中小学德育》……

（二）三审三校环节多，提交投稿要趁早

隔行如隔山。很多作者以为文章刊出就像用打印机打印一份文稿一样，经常临近跟前要用文章，距离提交文章只有一两个月，才想起来投稿发表文章，这时候其实已经来不及了。期刊出版过程是漫长和复杂的。一篇文章由投稿到刊出，前前后后至少需要半年的时间。其间经历两个流程：审稿流程和出版流程。如果我们需要发表文章，那么至少要提早半年时间把文章写好，然后及时投稿，给发表留充足的时间，耐心等待发表，不然时间真的来不及。

1. 期刊审稿流程

期刊审稿大致包括：查重、初审、外审和终审四个环节。

（1）查重。编辑部审稿流程首先是要查重，检测来稿是否存在学术不端的情况，查重不合格一票否决，直接拒稿。职称论文或者重要课题结题报告，也是需要查重的。同样，查重不合格，职称论文是不会通过鉴定的；课题就不能顺利结项。遵守学术规范这是做研究的底线。无论何时我们一定要遵守学术规范，这是底线，绝不能触碰。2019年，国家新闻出版署发布了《学术出版规范 期刊学术不端行为界定（CY/T174—2019）》，该文件界定了六种学术不端的行为，分别是：剽窃、伪造、篡改、不当署名、一稿多投和重复发表。

资料窗　六种学术不端行为

A. 剽窃：采用不正当手段，窃取他人的观点、数据、图像、研究方法和文字表述等并以自己名义发表的行为。

B. 伪造：编造或虚构数据、事实的行为。

C. 篡改：故意修改数据和事实使其失去真实性的行为。

D. 不当署名：与对论文实际贡献不符的署名或作者排序行为。

E. 一稿多投：将同一篇论文或只有微小差别的多篇论文投给两个及以上期刊，或者在约定期限内再转投其他期刊的行为。

F. 重复发表：在未说明的情况下重复发表自己（或自己作为作者之一）已经发表文献中内容的行为。

（本部分内容根据《学术出版规范 期刊学术不端行为界定（CY/T174—2019）》中的内容整理而来。）

此外，两种不符合出版规范的情况也需要注意，一是在内刊发表过的文章不能再在公开发行的期刊上发表。内刊是内部交流资料，可能会涉及机密，所以内刊上发表的文章不能再在公开发行的刊物发表。反之，则是符合规范的。二是课题（项目）成果先发表文章，然后文章再结集出版，这是符合出版要求的；反之，同样的成果先出书，再发文章，这是不符合出版规范的。

（2）初审。查重合格的文章，编辑部接下来会对这些文章进行初审。初审主要关注选题、文章篇幅、文章风格等是否符合期刊要求；再者是看文章是否有明显的常识性、知识性、科学性错误，对文章选题的价值和导向做初步判断，等等。

（3）同行评议／外审。通过初审的文章，有些专业性特别强的，编辑部还会邀请相应领域的专家对文章做进一步的把关，评判文章是否达到发表水平。

（4）终审。编辑部会在固定时间召开审稿会，集中讨论近期来稿是否录用，文章是否需要进一步修改，大改还是小修，或者是直接拒稿。通过审稿会讨论最终确定文章去向。一般情况下，审稿周期是一个月，如果遇到节假日，审稿周期则会再延长。通常，文章不会直接被录用，绝大多数文章都是需要修改后，才能被录用。部分稿件修改比较多，修改稿需要二次审稿甚至是三次审稿，这样审稿周期更加漫长。

2. 期刊出版流程

出版流程是指文章录用后到正式刊出，此间经历的环节，具体如表 1-1 所示。出版流程主要包括三审三校，若是月刊，走完这些流程，大概需要两到三个月的时间。也就是说，一期杂志要准时出刊，编辑部至少需要提早两个月开始发排。4 月份的期刊，最迟在 2 月份就要排定目录，进入出版流程，否则期刊不能按时出版。

表 1-1　期刊出版一般流程

序号	流程	负责人	内容
1	排目录	编辑、审稿会	责任编辑初排目录，审稿会讨论目录，最终确定发排文章

序号	流程	负责人	内容
2	初审、编辑加工	编辑	通读审查全稿，消灭差错、润饰提高、规范统一、核对引文等
3	复审	编辑部主任	通读审查全稿，解决编辑在编辑加工过程中提出的问题，发现初审加工后遗漏的问题
4	排版	排版人员	用专业的排版软件进行排版（作者的来稿不能直接印刷，文章中的图片、表格也需要重新处理，才能排版）
5	终审	相关领域专家	根据初、复审意见，主要负责对稿件的内容，包括思想政治倾向、学术质量、社会效果、是否符合党和国家的政策规定等方面做出评价
6	一校	校对人员	校对一样和原稿
7	读样	编辑	指在校对人员校对时，编辑同时也仔细审读校样，努力发现版面、排版等格式方面的问题，进一步检查内容上的问题，弥补编辑加工时的疏漏
8	合样、改样、统版面	编辑、排版人员	编辑将外审等人合理的修改建议汇总在一起，并在编辑样上做修改（合样）。编辑通过缩页、拼页等方法将期刊页面调整到固定数量。排版人员据此进行改样

序号	流程	负责人	内容
9	校对、读二样	编辑、编辑部主任	拿到二样后，编辑首先对红，确认上一样需要修改的内容是否全部改正，接着编辑和编辑部主任同时进行读样
10	清审（二样）	相关领域专家	出版方面的专家对稿件进一步把关，确认语言文字、表格等方面是否符合出版规范
11	合样、改样	编辑、排版人员	编辑将编辑部主任和清审专家的意见汇总在编辑样上，排版人员进行改样，出三样
12	读三样、过校对软件、改样	编辑、排版人员	编辑对红，读三样，过校对软件，然后排版改样、出清样
13	校对、读清样、改样	编辑、主编、排版人员	主编对文章做最后把关
14	读打样、改样	编辑、主编、排版人员	期刊付印前，通过读打样对稿件做最后的修改和完善
15	付印	印刷厂	
16	邮寄	邮局、物流公司	

我们假设投稿两个月后，知道文章被录用了，但文章被录用以后，也并不意味着马上就能刊出。期刊安排每一期发排的文章，都要遵循一定的规则。（1）早录早发。期刊一般按照文章录用先后顺序安排文章刊出（有个"先来后到"），早录用的文章比后录用的文章优先发表。期刊一般都会有库存稿件。如果我们投稿的期刊库存较

多，编辑部要优先排前面被录用的文章，我们等待发排也需要一定时间。（2）均衡原则。编辑部在安排每一期刊出文章的时候，需要通盘考虑，包括方方面面，如学科均衡、学段均衡、栏目内容均衡、版面均衡，等等。我们个人的文章选题各异，篇幅有长有短，若这篇文章不适合这一期，则要延后刊出。（3）灵活原则。教育领域从不缺少热点。期刊会根据教育热点，灵活设置一些栏目，以更好地回应当下需要。如果我们的稿件刚好对应新栏目，一般文章录用后，则能较快刊出。

鉴于审稿周期长，期刊出版流程复杂，如果我们需要用文章的话（评职称、晋升，等等），一定要尽早投稿，赶早不赶晚。最好提早半年就把文章写好，然后专心投稿，等待发表。不然的话真的会来不及。

（三）编辑审稿有标准，写作牢记稳准狠

编辑在审稿的时候，主要从三个方面考虑是否录用一篇文章：一看选题切入角度是否巧妙；二看文章有没有导向方面的问题；三看文章是否有新颖性。

1. 选题是否恰当

一篇文章能不能被录用，很大程度上是由选题决定的，看选题有没有价值和意义。衡量文章价值和意义的标准是看选题对本学科教学有没有启发，能不能解决学科的关键问题。如英语的听说读看写，理科的实验教学，语文学科的阅读、写作教学。文章选题能够解决一个

学科的关键问题，这就是有价值的。要么对所有学科的共性问题有一定启发，如课堂提问、学习活动设计、单元教学设计，等等。文章对某个学科共性问题有所启发，有所探索，这也是有价值的。再或者说我们所选用的研究方法、研究思路、研究方案，甚至是我们的写作手法，能够对读者有所启发，让读者有所借鉴，这篇文章也是有价值和意义的。

此外，编辑在审稿的时候，还会考虑文章是不是能够很好地回应当下的教育热点问题，能否对实践起到引领作用。此外，以下方面也是编辑重点考虑的：文章选题是否适合本刊风格；该选题作者能否驾驭；文章研究的是真问题还是假问题，有些文章内容看似"高大上"，实则空对空、泛泛而谈，言之无物，那么，此类文章不太可能被录用。

【实例1-1】文章选题切入角度要巧妙

▲原标题:《文教版社会科教材中的地图内容架构》

▲修改后:《小学社会科教材中的非连续性文本内容架构》

实例分析：这篇文章如果单纯讲地图的话，文章的选题立意不够"高"。地图其实是非连续性文本的一种。这篇文章从非连续性文本的角度分析，效果会更好。我们都知道，自从 2009 年 PISA 成绩公布以后，掀起了关于非连续性文本研究的热潮。上海 PISA 成绩排名全球第一，但是具体到每一项中，特别是在非连续性文本方面的表现并不是特别理想，所以当时 PISA 成绩公布以后，学界和中小学对非连续性方面的研究非常关注。这篇文章从非连续性文本角度切入，既能很好地回应当下的热点，满足实践需求，同时也避免了敏感话题。在确定选题角度的时候，切入角度是否巧妙，也是我们要重点考量的。

2. 文章导向是否正确

在审稿的时候，编辑还有一个很重要的方面要考虑——文章的方向性。看文章的导向是不是符合党和国家的教育政策及当前的教育理念。当前，国家倡导"双减"，若涉及文章的观点和做法违背"双减"政策，这样的文章是不会被录用的；若涉及小学低年段的文章有应试倾向，是明显违背教育理念的，这样的文章也不会被录用。

再者文章不能有科学性方面的"硬伤"。科学性上出问题比较多的是，研究方法、教育学知识和学科知识方面。研究方法方面主要是研究方法与选题不匹配，研究方法选用不恰当，研究方案设计不严密，等等。例如，有篇文章内容是做一个实验研究，实验组是小学一、二年级的学生，对照组则是三、四年级的学生，实验对象年级不一样，这个实验设计存在明显的漏洞，这样的文章就无法被录用。

教育学是一个专门的学科领域，有众多的研究领域和专业术语。我们在审稿过程中，发现不少文章有教育学方面的错误。例如，有篇文章是介绍一门校本课程，但文中并没有课程目标、课程内容、课程实施和课程评价等内容。课程四要素是一门课程最基本的内容，如果文章中不涉及这些内容，编辑会认为作者并不了解课程开发的基本要求。

学科知识方面的内容，我们也须关注。因为学科知识上的错误而不被录用的情况也是常见的。

【实例1-2】研究方法选用是否恰当，决定文章能否被录用

▲原标题:《初中生命科学教学中运用科学探究平台教学和常规教学
的比较研究》

▲修改后:《科学探究平台在初中生命科学课中的应用及启示》

实例分析: 从这篇文章修改前后的题目可以看出，文章修改前是做的
比较研究，同样的教学内容，一节课是用常规教学方法，另一节课应
用科学探究平台进行教学，通过这样的比较说明科学探究平台对初中
生命科学教学有效。但作者只在一节课中做了比较，这样的研究周
期太短，一节课不能说明问题。我们做这样的比较研究，至少要实验
一个学期甚至两三年，才能证明平台有效或者无效。我们把比较研究
改为应用研究是可以的，通过一节课说明如何在初中生命科学教学中
应用科学探究平台。改为应用研究后，就变成把新的教学方法、手段
引进传统的生命科学教学，这也是一种创新。所以作者把原来的比较
研究改为应用研究，题目改为:《科学探究平台在初中生命科学课中
的应用及启示》。

【实例1-3】文章选题要精准把握教材、课标理念

▲《基于学科核心素养的高中政治活动型学科课程探究——以"我国
实行宗教信仰自由政策"为例》

实例分析: 这篇文章从表面看，它的主要问题是选取的课例不能支持

文章的观点，课例选取不恰当、不够典型。其深层次原因是作者对活动型课程的理解和本节课的定位不准确。《普通高中思想政治课程标准（2017年版）》指出，"高中思想政治以立德树人为根本任务，以培育社会主义核心价值观为根本目的，是帮助学生确立正确的政治方向、提高思想政治学科核心素养、增强社会理解和参与能力的综合性、活动型学科课程"。"我国实行宗教信仰自由政策"这节课是偏理论的课，不适合设计活动，所以这篇文章就没法录用。因此我们在做研究的时候，要深刻、全面理解研究对象，不能望文生义、一知半解。我们要准确把握教材和课标理念。选取的课例一定要具有典型性，研究的话题和选取的课例要贴切。

3. 文章是否新颖

文章的新颖性主要体现在三个方面：（1）研究方法新；（2）研究内容新；（3）研究视角新。

研究方法新是指采用最新的研究方法或者是用不同于别人的方法研究老问题。近年来比较流行的研究方法是实证研究，如做问卷、做访谈、做观察研究，或者是使用质性分析软件进行研究。前人用比较的方法，"我"现在从实践、应用的角度来切入；以前别人做理论研究，"我"现在做实践研究；以前别人做文本研究，现在"我"用实证的方法来研究。从方法上区别于前人，这也是创新。

研究内容新是指研究新出现的实践、理论和政策等方面的教育研究热点，如三科统编教材、在线教学、劳动教育、传统文化教育，等等。教育从来不缺少热点话题，只要有观点、有视角，这些新发生的教育热点，都可以成为我们的研究内容。

研究视角新是"新瓶装旧酒"，主要包括三个方面：一是用不同于别人的理论 / 框架来解释问题；二是从新的比较视角切入；三是从新的阶段来看研究对象。① 别人是从 a 理论来解释这个问题的，现在我们换一种新的理论来研究这个问题，也就是用不同的理论、框架来解释同一个问题（见实例 1–4）。再或者说从不同的比较角度来切入，以前是 a 和 b 进行比较，现在我将 b 和 c 进行比较，比较的对象变了，这也是有新意的（见实例 1–5）。又或者说我们站在一个新的历史时期，从不同的历史分期来看待同一个问题。全国第八次课改以后，我国课改进入新阶段；三科统编教材投入使用，课改又进入新的历史阶段。对我们一线教师来说，研究视角新，这个是比较容易做到的。

【实例 1–4】

▲《基于支架理论的高中英语写作教学》

▲《衔接和连贯理论在高中英语概要写作教学中的运用》

实例分析：两篇文章都是研究写作教学的，研究内容相同。但两篇文章依据的理论不同，一篇根据支架理论，另一篇依据衔接和连贯理论。这是研究视角新——用不同于别人的理论来研究写作教学。

---

① 此处参照了刘良华老师的观点。详见：刘良华.教育研究方法 [M].第 3 版.上海：华东师范大学出版社，2021：31–45.

【实例 1-5】

▲《基于认知心理学的国际课程 IBDP 与人教版高中数学教材的比较研究——以微积分内容为例》

▲《深度学习视域下"用样本估计总体"教材比较研究——以人教 A 版和北师大版高中数学为例》

实例分析：两篇文章同是研究高中数学教材的，但两篇依据的理论和比较的对象各异。一篇文章从认知心理学的角度，比较国际课程 IBDP 与人教版高中数学教材；另一篇文章依据深度学习理论，比较人教 A 版和北师大版高中数学教材。这是研究视角新——用不同于别人的理论和比较对象来做教材研究。

（四）投稿技巧须关注，文章录用概率高

论文投稿是有技巧的。在投稿的时候，我们关注一些细节性的问题，也有助于提高文章被录用的概率。

1. 了解目标期刊

知己知彼，百战不殆。在投稿的时候，我们要提早对目标期刊做一些了解，如期刊近期关注话题，读者群、作者群主要是哪些对象，期刊来稿要求和往期文章风格等。这样我们在投稿的时候，能够做到心中有数，方便评估自己的文章是否适合目标期刊。期刊每年都会根据一些热点话题进行征稿。例如，党史学习教育、在线教学、三科统编教材，等等。如果投稿是目标期刊近期重点征集的稿件，来稿会受到他们的特别关注，这样能增加录用的概率。

另外，需要关注期刊的主要读者群和作者群是哪些对象，是中小学教师还是高校教师，是中小学的学科任课教师还是班主任或者是校长等。有些期刊明确不接受中小学教师的来稿，我们给这样的期刊投稿只会石沉大海。我们若是期刊的目标作者群，文章被录用的概率就大些。同时，我们知道期刊主要读者对象，在写作的时候就会更有针对性，会有意识地更多呈现读者感兴趣的内容。

2. 投稿信息齐全

每个杂志都有自己的来稿格式要求，我们在投稿的时候，要尽量按照他们的来稿格式要求做，这样能增加编辑对来稿的好感。编辑看到来稿和来稿要求一致，会觉得作者在投稿之前做功课了，不是盲投。所以大家在投稿的时候也需要关注一下，看看期刊来稿要求是什么。

投稿的时候个人信息一定要齐全，如个人简介、手机号和邮箱等基本信息，帮助编辑对文章做出基本判断，方便后续沟通。编辑不会无故"骚扰"作者，如果编辑联系你了，肯定是好事情，大概率是文章有发表的价值，但还需要进一步修改和完善。此外，在出版过程中，文章可能还会有一些细节，编辑需要和作者确认。期刊出版流程是环环相扣的，一个环节耽误了，就会影响整个出版进度。这时编辑也会打电话，迅速和作者沟通确认。

可为所投稿件附上一个简单的个人简介，把能证明自己科研能力的信息罗列其上。这样编辑可对作者的科研能力有更全面的认识，同时也能通过个人简介间接地判断来稿质量如何。编辑在审稿的时候是带着发现和欣赏的眼光来看稿子的，如果文章中有闪光点，编辑是愿意给作者提出修改建议的。但编辑提建议的同时也会担心作者能否完成修改要求。这时候编辑会通过个人简介来判断作者的科研能力。所以大家尽量把信息写全一些，这也许会为自己多争取一个发表机会。

编辑部来稿量大，为了方便编辑检索到我们的文章，我们在投稿的时候，可将邮件主题命名为：文章标题＋作者姓名。这样编辑在检索文章的时候，不管是搜姓名或者是文章标题，都能找到文章。作者在投稿邮件中可把文章内容简要地介绍一下，客观地评价文章有何新颖之处。不要夸大其词，也不要过分谦虚，实事求是就好，这样文章给编辑的印象会深刻一些，同时也方便编辑判断这篇文章水平如何。

3. 投稿心态好

投稿可能被录用，也有可能被拒稿，这是常态。我们心态要好，屡拒屡投，而不是"一拒不振"。我们在投稿的时候，不能因为一两次被拒稿就怀疑自己。我们要愈挫愈勇，这一家不行，我们试试下一家。因为好多时候我们被拒稿，并不是因为我们文章写得不好，而是因为我们没有找到合适的、匹配的期刊。

这时候我们就要花费一些时间好好研究一下目标期刊。然后找到合适的期刊去投稿，直至文章发表。其实我们每一次投稿都是经验

的积累，等我们经验积累得多了，就可以开始定制化写作。也就是说
按照目标期刊的要求，根据他们的"喜好"来进行写作，这样我们一
投一个中。所以我们在投稿的时候一定要花费一些时间来研究目标期
刊。了解目标期刊，可以让我们事半功倍。

第二章 你还在为如何写犯难?

> **编辑说** 论文写作难,难于上青天! 天下苦论文久矣! 如何写一篇规范的论文? 编辑来分享——要规避论文写作常见的共性问题;要按照规范论文写作可操作路径来写作。教学无涯,论文写作有方法。如文章结构布局有三类,三段论式摘要写作法,等等。

上一节我们看了论文投稿,接下来我们看论文写作。我从论文题目、摘要、关键词、引言、文章结构布局和参考文献等论文各板块逐一讲解。我结合日常审稿过程中的常见问题进行分析,并提出改进办法,为论文写作提供一些具体的、可操作的方法。

(一)谋定全局:拟定抓人眼球的标题

1. 文章题目常见问题

(1)主副标题使用不合理

【实例1-6】

▲原标题:《基于课程标准的道德与法治学科教学设计与评价——道德与法治学科"教学评一体化"研究初探》

▲修改后:《基于标准的初中道德与法治教—学—评一致性探究》

实例分析：原标题存在的主要问题是使用主副标题没必要。这篇文章主要是讲道德与法治学科如何根据课程标准进行教学评一体化研究，围绕"教—学—评一致性"来拟定标题即可。主副标题并不会使文章显得"高级"，若使用不当，适得其反。文章不使用主副标题就能把意思表达清楚的，就没有必要使用主副标题。如果使用主副标题能让我们文章增色，我们再用主副标题。不是特别必要的话，不要使用主副标题。

除此之外，原标题过于烦琐，共 38 个字。主标题里面出现了"道德与法治学科"，副标题里面也出现了"道德与法治学科"。一个标题里面出现了两次同样的字词，这样的情况也要注意避免。一个标题里尽量不要出现重复的字词，这样会让标题显得冗长、烦琐。

综合以上分析，本文的标题最终修改为:《基于标准的初中道德与法治教—学—评一致性探究》。这样的标题既表达准确，又简洁明了。

【实例 1-7】

▲原标题:《以"活动"落实单元学习任务——落实新课标中"当代文化参与"任务群的实践研究》

▲修改后:《高中语文单元学习任务群的活动设计与实施——以"当代文化参与"任务群为例》

实例分析：原标题存在的主要问题是主副标题拟定不准确。这篇文章研究的是高中语文学习任务群，以"当代文化参与"任务群为例，选题是非常有价值的。《普通高中语文课程标准（2017 年版）》提出了 18 个任务群。在一篇小论文中，我们不可能把这 18 个任务群都谈论到，所以作者就挑选了一个任务群——当代文化参与，来进行研究。文章标题过于笼统，不够清晰，可先表明具体的学科——高中语文。接着再说具体研究什么问题——学习任务群的活动设计与实施，然后以这个"当代文化参与"任务群为例，明确研究对象。因为任务群有 18 个，所以需要用一个副标题限定研究范围。我们在使用主副标题的时候一定要厘清二者之间的关系。

【实例 1–8】

▲原标题:《议题中心教学法对培养历史学科核心素养的探索——基于
美国社会科教材栏目的分析》

▲修改后:《议题中心法在培育高中历史学科核心素养中的应用》

实例分析：原标题存在的主要问题是误用主副标题，主副标题之间没有关联性。主标题是讲用"议题中心教学法"培育历史学科核心素养，副标题是教材研究。主标题和副标题是两个完全独立的部分，它们之间没有直接关系。我们知道主标题是表明主要观点，副标题是对主标题的进一步补充说明。实例 1–8 主副标题之间并没有这种递进补充说明的关系。这篇文章主要是讲议题中心教学法如何培育学生历史学科核心素养，故原标题可改为:《议题中心法在培育高中历史学科核心素养中的应用》。

通过以上实例分析，我们可以看出该如何使用主副标题，具体如下。

①主标题：传递文章核心观点、核心概念，表明文章主要观点等。

②副标题：限定研究范围、学科范围和研究对象等。

【实例 1-9】

▲《美国小学法治教育内容架构——以 HM 版社会科教材为例》

实例分析：实例 1-9 主标题表明了本文的研究内容是"美国小学法治教育"，副标题限定了研究范围——教材中的法治教育内容，且是特定版本的教材——HM 版社会科教材，而不是课程标准，或者说法治教育教学方法的内容。有了副标题让研究范围更加聚焦，研究对象更加清晰。

【实例 1-10】

▲《教师科研的四个自觉——来自于漪老师的启发》

实例分析：科研对一线教师成长的作用日益凸显。于漪老师是从一线教师成长为教育家典范的。作者以于漪老师的专业成长为例，剖析了一线教师应具备的科研自觉。副标题表明文章以于漪老师为个案，研究更加聚焦和具有典型性，是从于漪老师身上得到科研上的启发，而非其他途径。

【实例1-11】

▲《小学音乐学科德育教学设计与实施——以〈草原牧歌〉为例》

实例分析：学科德育是一个较为上位的概念、命题。为探讨小学音乐学科德育教学设计与实施，作者以《草原牧歌》这首歌的教学为例，开展教学实践研究并梳理相关经验。通过副标题说明，本文是以一节课为例来进行研究的，通过这一个副标题清楚地界定了研究对象。

（2）标题过大

标题过大包括研究对象不明确，研究内容不聚焦，研究范围不清晰等情况。

【实例1-12】

▲原标题:《落实基本要求，设计有效教学活动》

▲修改后:《创设语境，促进小学英语教学目标达成》

实例分析：通过原标题，我们看不出是什么学科、学段的文章。题目中涉及两个核心概念"基本要求"和"有效教学"。"基本要求"是指《上海市小学英语学科教学基本要求》。上海中小学每个学段、每个学科都有一本教学基本要求，总共20余本书。有效教学也是一个特别大的命题，包含非常多具体、微观的研究内容，这方面有很多的专著、论文等。一篇小论文四五千字是不可能把这么大的两个问题给讲清楚的。通览全文，发现作者是写小学英语教学方面的文章，研究的主要问题是情境创设，通过这个情境创设来达成教学目标。根据文章的主要内容，原标题修改为:《创设语境，促进小学英语教学目标达成》。

【实例1-13】

▲原标题:《学生思考需要教师的适度放手与适时追问——以"外卖之我见"为例》

▲修改后:《促进学生审辩式思维发展的学习活动设计——以"外卖之我见"为例》

实例分析: 原标题存在的主要问题是没有提炼出文章的核心观点。文章重点是讲小学道德与法治课通过学习活动设计，如何发展学生审辩式思维能力。原标题中的"学生思考需要教师的适度放手与适时追问"是作者的观点之一，而非文章的主要观点。原标题较宽泛、笼统、没新意，我们通过标题看不出文章的观点和研究内容。依据文章主要内容，作者将标题改为:《促进学生审辩式思维发展的学习活动设计——以"外卖之我见"为例》。

【实例1-14】

▲原标题:《劳动教育课程设置》

▲修改后:《社会实践中的劳动教育研究》

实例分析: 原标题只表明研究内容——劳动教育，研究对象——劳动教育课程。劳动教育是近年来的热门话题，对其进行研究是有价值的。但原标题过于宽泛，具体从什么视角来研究劳动教育，劳动教育课程是小学的、初中的还是高中的，都需要明确一下。所以标题需要进一步聚焦和明确，从哪个视角进行劳动教育课程研究。文章是讲怎么通过社会实践对学生进行劳动教育。因此，标题调整为：《社会实践中的劳动教育研究》。

（3）文不对题，不知所云

论文标题还有一种比较常见的问题是：文不对题，不知所云。标题看似很好看，对仗工整，有文采。但读者看到标题，却是一头雾水，不知道文章要讲什么。我们在进行学术论文写作的时候，不要刻意追求"生动、活泼"，或者用多么华丽的辞藻、多么丰富的词汇。学术写作不同于文学创作。我们首先要做的是把意思表达清楚完整，在此基础上再强调其他方面。

【实例 1-15】

▲原标题：《立根于文化，树人于无形》

▲修改后：《初中学校传统文化课程的架构及经验》

实例分析： 散文追求形散神不散。但这个标题过于"散"。读者看到这个题目不清楚它到底要讲什么。学术写作不需要刻意追求文采飞扬、辞藻华丽，或者对仗工整。学术写作首要的是表达清晰，观点明确。此文讲的是学校的传统文化建设方面的内容。我们在拟定标题的时候，一定要根据文章的具体内容来拟定。综合以上分析，文章标题修改为：《初中学校传统文化课程的架构及经验》。

【实例 1-16】

▲原标题:《以专项教研之力，求课程研发之道》

▲修改后:《上海市中小学场馆课程中心教研组的实践探索》

实例分析:原标题前半部分是"以专项教研之力"，好像是要说教研方面的问题，接着后半部分"求课程研发之道"，好像又涉及了课程开发方面的内容。这样的标题会让读者很困惑，不清楚文章到底聚焦在哪一方面，文章关注的主要问题是什么。此文是讲中小学场馆教育课程中心教研组的建设情况，所以文章标题围绕"场馆教育课程""教研组"这些关键词来拟定。重新拟定后的标题也更有吸引力。因为现在场馆教育是一个热门话题，文章讨论了场馆教育中一个比较微观的问题——教研组建设，这样更能吸引读者的关注。

【实例 1-17】

▲原标题:《以简驭繁、推陈出新的向量教学》

▲修改后:《指向学科核心素养的高中向量教学》

实例分析:作者用"以简驭繁""推陈出新"这两个词想达成什么教学目标，或者是用什么教学方法进行向量教学，读者都不能直接看出来。此外，向量内容初中和高中都有，作者是讨论高中向量教学还是讲初中向量教学也不明确。具体要讲向量教学哪个方面的内容，读者看了标题后，也不知道。基于文章内容并结合当下教学热点即学科核心素养培育，我们把原标题改为:《指向学科核心素养的高中向量教学》。从修改后的标题可以看出，它是研究高中的向量教学，而不是初中的。通过向量内容的教学培育学生的学科核心素养。修改后的标题研究内容具体，学段明确，有研究视角，这样更能吸引读者。

（4）标题烦琐、赘余

标题过于烦琐、赘余也是文章标题常见的一种问题，具体包括以下几种情况：标题不是标题，而是一句话，没有表明一个观点，而是描述了一个结果；标题表述拗口；没有找到最佳用词。

【实例1-18】

▲原标题：《论如何在小学英语线上教学中运用形成性评价提高学生自主学习的能力》

▲修改后：《小学英语在线教学形成性评价应用策略探析》

实例分析： 本文的选题是非常有价值的，评价是我们中小学所有学科都面临的问题。在线教学刚刚开始的时候，大家对教学中如何对学生进行评价，都在探索、摸索中。作者做了尝试，并提供了一些有益经验，这对同行小学英语教师会有启发，同时对其他学科的教师也有一定的借鉴意义。该文主要是讲小学英语在线教学如何进行形成性评价。标题要表明主要观点，而不是陈述一个事实。原标题是一句话，而不是一个标题。"提高学生自主学习的能力"是细节性的内容，不是文章探讨的重点，不需要在标题中出现。标题要概括出文章的核心内容和主要观点。根据文章的内容，文章标题改为：《小学英语在线教学形成性评价应用策略探析》。

【实例 1-19】

▲原标题:《叶圣陶"读整本书"思想启示下初中语文名著阅读教学的
策略研究》

▲修改后:《叶圣陶"读整本书"思想对整本书阅读教学的启示》

实例分析: 这篇文章的主要内容是讲,如何借鉴叶圣陶"读整本书"
的思想,指导当下的整本书阅读教学。从这个角度来研究整本书阅
读,视角较为新颖。原标题拗口,不符合学术论文表达习惯。我们一
般会说 ×× 对 ×× 的启示,而非"×× 启示下的 ××"。此外,标
题中的核心词提炼不准确。原标题中的"初中语文名著阅读教学"其
实是指整本书阅读教学。文章标题围绕文章主要内容来拟定即可,标
题改为:《叶圣陶"读整本书"思想对整本书阅读教学的启示》。

【实例 1-20】

▲原标题:《利用"三重表征"理论编制试题测量学生科学思维素养
的实践》

▲修改后:《基于三重表征理论的学生科学思维素养测评》

实例分析: 这篇文章是在讲,以三重表征理论为指导来测试学生的科
学思维素养水平。选题是非常有价值的,科学思维是研究热点,有关
测量的研究也是热点。"编制试题"出现在标题中,分散了文章重点。
读者看到原标题,会有疑问:文章具体是讲如何编制试题,还是讲科
学思维素养的测量?标题可以进一步精练,改为:《基于三重表征理
论的学生科学思维素养测评》。

（5）个别词汇的"滥用"

我在审稿过程中，发现作者对某些词汇特别"钟情"，如研究、浅谈、浅议，等等。这些词在文章标题中出现的频率特别高，随便打开一本教育类刊物，几乎都可以看到它们中某个或者某几个的"身影"。大家对"研究"这个词尤为痴迷，好像题目中不出现"研究"这两个字，"我"就不是在做研究一样。和"研究"一同出现的，还有一些它的"固定搭档"，如比较研究、实践研究、行动研究、应用研究等。这些词汇实在太常见，以至于读者看到它们内心毫无波澜，不能激起大家阅读的欲望。有些时候不用这些词汇，或者使用其他可替换的词汇，题目表达效果会更好。这时我们要避免使用这些让大家产生"审美疲劳"的词汇。

【实例 1-21】

▲原标题：《概念图在高中生命科学教学中的学习策略研究》

▲修改后：《概念图在高中生命科学中的应用策略》

实例分析：原标题存在两个方面的问题：一是"研究"不需要出现；二是搭配不当，"概念图"和"学习策略"没法搭配。"概念图"是一种工具，工具可以应用或者使用，但它没法学习。我们知道，学习有三类：一是人的学习；二是动物的学习；三是机器的学习，即人工智能。该文讲的是在高中生命科学教学中怎么使用概念图，所以标题修改为：《概念图在高中生命科学中的应用策略》。

【实例 1-22】

▲原标题:《小学"茶+"课程开发与实施路径的研究》

▲修改后:《小学"茶+"课程的开发与实施路径》

实例分析: 这篇文章主要是讲小学"茶+"校本课程的开发与实施路径，重点是"课程开发与实施"。所以标题围绕文章主要内容拟定，原标题修改为:《小学"茶+"课程的开发与实施路径》。

【实例 1-23】

▲原标题:《体育课程体系的教学改进行动研究》

▲修改后:《初中体育课程体系的建设与实施》

实例分析: 此文重点是讲初中体育校本课程的建设与实施，行文过程中没有体现行动研究的特征。若是行动研究，必须明显体现循环往复，改进、实践的行动过程。其次，标题过于笼统，没有讲清楚学段是小学、初中还是高中。课程标准对不同学段的体育教学要求差异是非常大的，标题中需要明确。所以原标题我们就把它修改为:《初中体育课程体系的建设与实施》。

2. 小结：好标题的特点

以上我们梳理和分析了论文标题常见的五种问题，那么一个好的标题它应该具备哪些特征呢？或者说我们该如何拟定一个吸引人的标题？具体来说，一个好标题的拟定应关注以下三点。

（1）标题有观点、有视角

标题应该观点鲜明、研究视角独特。通过标题读者能迅速了解文章研究内容，了解所属学科和研究领域。我们在看文章的时候，首先看到的是文章标题，我们必须让读者清楚地知道这篇文章是在讲什么内容，有什么观点，从什么视角进行的研究。简单地说，标题中要明确学段、学科，研究内容、研究视角和研究对象。我们要把研究范围和研究内容聚焦再聚焦，研究视角明确再明确。具体来说，研究小学还是高中，初中还是幼儿园；是研究英语学科的，还是研究数学学科的，再或者说是研究语文的，还是政治的，这些我们在标题中都要明确。

（2）标题表述使用陈述句

我们在拟定标题的时候，一般使用陈述句，不要使用感叹句，或者是祈使句。感叹句或者祈使句作为学术论文标题不够严肃，不够规范。

（3）标题零修饰

我们在拟定标题的时候尽量零修饰，那些无关紧要、修饰性的词汇尽量不要在题目中出现。这些词对文章标题的表达没有正面作用，反而会有负面影响削弱表达效果。有时候"少即是多"。我们曾统计过我刊被人大复印报刊资料转载文章的标题情况，单从字数来讲，这些文章标题的字数大多是在 15 字左右。我们在拟定文章标题时也可以此为参考，文章标题 15 字左右，最多不超过 20 字。如果超过了，标题则有进一步优化的空间，或者有更好的表述在等你发现。

一个好标题的拟定并非易事，需要我们反复地打磨和推敲。我们在写论文的时候，也不必第一时间就确定文章标题。我们可以先暂定一个标题。在文章写作过程中，想到什么标题了，或者一些好的词汇，都可以把它们先记下来。等文章写好以后，我们再专门花费一些时间来打磨、推敲标题，通过分析和比较，最终确定标题。

【实例1-24】

▲原标题:《论初中历史课堂教学的反思：儿童经验的视角》

▲修改后:《试论儿童经验视域下的初中历史教学》

实例分析：该文主要是讲以儿童经验视角为指导来进行初中历史教学设计。原标题有具体的学段、学科——初中历史，研究内容——课堂教学，研究视角——儿童经验。但标题还有进一步完善和提升的空间，文章重要的观点放到标题最后面了，这样读者不能第一眼就看到重要观点。儿童经验的视角这是文章重要的观点，应该把它放到标题最前面，原标题修改为:《试论儿童经验视域下的初中历史教学》。

这篇文章是作者根据自己评职称的公开课写成的。作者评职称需要有一节公开课和一篇论文。当时作者为写什么特别发愁，我就建议他:"你们评职称不也是需要开一节公开课吗？你的公开课准备好了吗？是不是可以拿这节公开课做做文章？"后来作者就根据评职称的公开课写了这篇文章。这篇文章在职称论文鉴定中拿了A。通过写文章，作者把上公开课的思路理得更加清晰，对教学所用素材做了进一步优化，最终公开课效果也特别好。写文章与上好课相互促进，一举两得。

【实例1-25】

▲原标题:《"教学评一致性"在一年级道德与法治课堂中的应用》

▲修改后:《教—学—评一致性视野下的道德与法治课堂架构》

实例分析：原标题存在两个方面的问题：一是"教学评一致性"和"应用"搭配过于平常，不够抓人眼球。二是"一年级"不必在题目中出现，可以在正文里面交代清楚。标题中这些细节性内容可省略。综上所述，标题修改为:《教—学—评一致性视野下的道德与法治课堂架构》。

【实例1-26】

▲原标题:《统编教材下高中生法治意识培养的实施策略——以思政必修 3〈政治与法治〉为例》

▲修改 1:《让判例进入思政课法治教育的视野——以"从民法典看依法治国的全面推进"教学为例》

▲修改 2:《思政课中法律判例的选择与运用策略——以"从民法典看依法治国的全面推进"教学为例》

▲最终稿:《基于判例培养高中生法治意识的探究——以"从民法典看依法治国的全面推进"为例》

实例分析：文章是作者根据教研活动上开的一节公开课而写的。这节课的主要目标是培养学生的法治意识，选用的素材是两个高空抛物的案例。所以文章标题要围绕本节课的教学目标（法治意识培养）和教学方法（判例教学法）来拟定。

原标题：主标题只有本节课的教学目标，而没有教学方法。再者标题没有反映文章主要内容。文章的重点是通过判例法培养学生的法治意识，而非探讨法治意识培养策略，所以标题中不应有"策略"。任何教学都是依托教材的，现在主标题反映的观点不够有吸引力，不符合学术表达习惯。这篇文章主要是围绕一节课来讲的，所以副标题不能以一册教材为例，这样扩大了研究范围，不准确。

修改1：标题的句式是祈使句，祈使句作为论文题目不合规范。再者，这个标题没有突出本文的重点——判例教学法和法治意识培养。

修改2：本文没有提炼出判例选择的一般方法，该部分内容不是文章重点内容，所以文章标题不能围绕"判例"来拟定。文章标题一定要围绕文章的核心内容来拟定。无关紧要的细节性内容，不需要在文章标题中出现。

最终稿：这个标题明确了教学方法和教学目标。同时研究对象和研究内容明确——高中生的法治意识培养而非小学生或者初中生的，是判例教学法而非其他的教学方法。

【实例1-27】

▲原标题:《基于生活德育理念的小学数学教学》

▲修改1:《数学课与生活德育校本课程的融合》

▲修改2:《在生活德育课程中培育数学素养》

▲修改3:《在生活德育课程中发展学生的空间意识》

▲最终稿：《基于生活情境发展小学生空间观念——以"制作积木收纳盒"为例》

实例分析： 作者所在学校的特色校本课程是生活德育课程，该课程围绕"衣、食、住、行"四个主题进行架构。学校每学期围绕一个主题展开研究。在进行"住"主题研究时，作者开设了一节"积木收纳盒"的公开课。作者见同学们喜爱玩班级中的积木，但不喜欢整理积木，以致教室乱糟糟。作者以此情境导入新课。作者通过本节课要培育学生的收纳整理意识和发展学生的空间观念。

原标题：标题过大。文章是围绕一个具体的生活情境来展开的，用生活德育理念这个概念太大。关于小学数学教学具体哪个方面可以再明确一些，如具体的教学方法是什么或者是要达成什么教学目标。

修改 1：文不对题，标题没有概括出文章的主要内容，文章重点不是讲数学课和校本德育课程的融合。我们在将一节课变为文章时，要适当"跳出"这节课，这样会有新思路。

修改 2：文章中的教学方法和教学目标概括不准确。要具体培育哪个数学素养可以再明确一下，简单用数学素养这个概念概括过于笼统。

修改 3："生活德育课程"是一个比较上位的概念，"空间意识"是一个比较下位的概念，二者无法直接对接起来。教学理念概括不准确，再者是学段和学科不明确。

最终稿：作者将教学内容做了适当提炼，从而确定文章题目。作者将课堂导入环节的亮点概括为一个词——生活情境。本节课的教学目标和数学核心素养相联系，确定教学目标是：发展学生空间观念。文章标题围绕"生活情境"和"空间观念"来拟定，最终确定为：《基于生活情境发展小学生空间观念——以"制作积木收纳盒"为例》。

我们通过实例1–24和实例1–25可以看出，有些词汇的使用会让我们的标题立马变得不一样，让整个标题亮起来，像实例1–24中的"视域"，实例1–25中的"视野""架构"。通过实例1–26和实例1–27我们可以看到，一个好标题的拟定并非易事，需要反复打磨、推敲。再者，文章标题的拟定要围绕文章核心内容，突出文章的亮点和特色。

一个标题的好坏有时会影响整篇文章的成败。怎么强调标题的重要性都不为过。编辑在审稿的时候第一眼看到标题就会形成对这篇文章的初印象，而读者读文章的时候标题可能会影响他们是否想看全文。我们在拟定论文标题的时候，一定要好好打磨自己标题中的"题眼"。让"题眼"能抓住编辑和读者的眼球，这样的标题才是成功的题目。

（二）序曲：摘要及关键词写作规范

1. 摘要含义

摘要又称"文摘"，是以提供文章内容梗概为目的，不加评论和补充解释，简明、确切地记述文章主要内容的短文。即摘要以摘录或缩编的方式复述文章的主要内容，方便读者用最少的时间获取文章最主要的信息。

2. 摘要常见问题

在审稿过程中，我发现摘要写作主要存在以下三个方面的问题：一是摘要涉及的文章背景资料过多；二是将文章引言当作摘要，摘要和文章引言内容完全一样；三是摘要写得过于简略，没有概括出文章的精华内容。

（1）背景资料过多

摘要主要是介绍文章的主要内容、核心观点，方便读者通过摘要获取文章的主要信息。有些摘要中对文章写作背景的介绍，占到摘要的一半篇幅。涉及文章写作背景的内容，更适合放在正文中，而非放在摘要里。实例 1–28 中有一半的内容是介绍该文写作背景的，这些内容放在正文中更合适。

【实例 1–28】

摘要：《普通高中历史课程标准（2017 年版）》在课程目标中明确提出了培养"学科核心素养"的任务。但是理论与现实之间存在着差距，如何在历史课程中将学科核心素养落到实处，还有许多课题有待研究。美国在培养学生历史学科素养尤其是历史思维能力方面有许多丰富的经验。（以上画线部分内容全部是关于文章背景的介绍）通过分析美国教材中如何有效地运用议题中心教学法来培养学生理解历史、研究历史、解释历史的能力，探讨我国以核心素养培养为导向的更加有效的历史教学改进策略。议题中心教学法应作为我国高中历史学科教学的重要方法与途径，今后在历史课堂中发挥出它的作用和价值。

（2）翻版"文章引言"

不少作者由于缺少写作经验，不理解摘要是什么，误把摘要等同于文章引言。如实例1-29所示，若没有"摘要"二字作为提示，读者看不出这是一段摘要。这段所谓的摘要更像文章开头第一段话——文章引言。摘要写成这样，大概是由于写作经验不丰富，不知道摘要写什么内容。

【实例1-29】

摘要：学校一贯以课程改革工作作为核心，树立全面、和谐、可持续的发展观，以课堂教学改革为契机，以培养高素质的学生为目标，以形成扎实、有特色的课堂教学为突破口，以灵活、实效的教研活动为途径，落实"基于核心素养、灵动课堂、趣味学习、全面发展"的教学目标，促进学校课改工作的可持续发展。

（3）摘要过于简略

有些摘要写得过于概括，只是把文章各部分小标题串起来，只有简单的两三行字，读者通过摘要不能获取文章的有效信息。摘要要把文章最精华的部分讲述出来，让读者通过摘要获得尽可能多的有用信息。如实例1-30，这样的摘要读起来会让读者很"着急"，因为作者一到关键的内容就"戛然而止"了。

【实例1-30】

原摘要：地图是日常学习、工作和生活必不可缺的工具，地图素养的重要性也备受关注。本文（摘要中不出现"本文"和"笔者"等诸如此类的词汇）以文教版社会科教科书为例，分析教科书中地图素养的内容组织，（如何组织的，要说出来，这是教材研究很重要的内容）探讨日本小学生地图素养的培养特色，（培养特色是什么也要讲讲的，这是读者关心的，同时也是本文的主要内容）反思我国地图素养培养的缺失，（以弥补我国地图素养培养在某方面的不足，或者对我国地图素养培养具体某方面有启发，也可以简单谈一下）并进一步阐明加强早期地图学习的重要性。

修改后：

摘要：从非连续性文本中获取信息、学习知识业已成为一种重要的能力。以文教版小学社会科教材为例，选取该教材中的非连续性文本——地图为切入点，分析它们的内容架构，统计教材中的地图类型和数量，揭示非连续性文本在文教版社会科教材中的应用价值，即地图绘制方法的指导、培养学生的全局观念、培养学生的想象能力和抽象思维能力、丰富学生的认知，以期对我国的相关学科教材编写及教学研究提供有益参考和借鉴。

案例来自：陈婷. 小学社会科教材中的非连续性文本内容架构 [J]. 上海课程教学研究，2018（10）：27.

3. 摘要写作要点

规范摘要主要包括三部分内容：一是写作目的，交代我们为什么写这篇文章；二是研究方法，我们用什么样的方法来进行研究，介绍本文使用的研究方法；三是研究结论、成果，通过研究得出了哪些结论、成果。最关键的是我们要用两三百字概括出文章的精华内容。摘要要用第三人称叙述的方式来写作，而不用第一人称来讲述。即摘要中不要出现"本文""笔者""本研究"等诸如此类的词汇。小论文摘要可以一段话，240—300字即可。

短短一段摘要，特别能显示作者的学术写作水平。因为我们要在两三百字之内把一篇五六千字的文章讲清楚，概括出文章的精华内容，吸引读者去看全文。编辑在审稿的时候，首先看摘要。通过摘要的写作水平，可以大致判断出作者写作经验是否丰富，文章质量如何。读者在看摘要的时候，根据摘要决定是不是去看全文。所以我们一定要认真对待摘要的写作。

摘要写好后，我们也可以通过划分段落的方式，来检测一下摘要写得是否规范，如实例1-31所示，看看摘要是否交代清楚写作目的、研究方法，通过这样的研究得出了哪些研究结果、结论。

【实例1-31】

摘要：美国近年来发布的科学教育标准用"科学实践"取代了"科学探究"，在全球范围内引发了新一轮的科学教育变革。如何在中国的本土课堂上践行这一变革，并回应其挑战？（写作目的）运用互动分

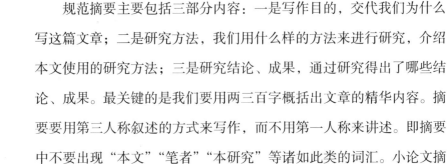

析的方法考察了教师在"生态系统稳定性"一课上的活动设计与话语调度，（研究方法）发现在这节课上，数据阐释作为核心实践，串起了其他科学实践活动；教师通过反复激活新的科学实践和反复引导学生回到数据阐释的话语调度，维持了学习活动的一贯性。（研究结果、结论）

案例来自：陈虎，肖思汉.用数据阐释串起科学实践——以"生态系统稳定性"教学为例 [J].上海课程教学研究，2017（5）：49.

4.关键词

（1）关键词含义

关键词是为了方便读者进行文献检索而选用的可表达文章主题内容的词或词组。

（2）关键词选取方法

关键词应该是明确表达文章主题的概念且是学界公认的概念，一般3—5个即可。我们可以选取文章题目中的核心概念和能反映文章主要观点的概念。关键词按照反映主题的重要性来排序。表达核心主题因素的关键词排在前面，表达非核心主题因素的关键词排在后面。作者要尽量把能反映文章创新之处的词汇提取出来作为关键词。

（三）主旋律：引言那些写作"套路"

1.引言含义

引言是文章开头第一段话或者两段话，交代文章的写作目的，引出本文话题。我们在写引言的时候要注意，引言无须内容太多，紧扣文章主题，简单、明了，一两段话把文章话题引出即可。

2. 引言类型

（1）政策类引言

政策类引言是指从政策层面切入文章话题。具体来说，是从党中央、国务院、教育部或者各省（自治区、直辖市）教育主管部门发布的文件或是通知中寻找与文章主题相关的内容，引入文章话题。我们从政策层面引入文章话题的时候，要注意引用最新的政策文本，考虑它的时效性。有些重要的领域，各个层面都会有通知和文件，如劳动教育、传统文化教育和人工智能教育等。这时我们要注意挑选和我们研究最为密切相关的文件。同时注意不要把相关文件之间前后承接的逻辑关系搞混淆。

【实例1-32】

▲《健康素养导向的中小学健康教育校本课程设计》

文章引言：近二十年来，中小学校在教育部印发的《中小学健康教育指导纲要》指引下，以专题教育与学科教育相结合的方式实施学校健康教育。2021年8月，《关于全面加强和改进新时代学校卫生与健康教育工作的意见》提出把全面加强和改进学校卫生与健康教育工作，提升学生健康素养作为学校教育的重要目标和评价内容。健康素养导向的健康教育学校课程实践，发挥校本课程对国家课程的补充作用，对满足本校学生健康需求、提升学生健康素养具有重要的意义。本文在文献研究及项目学校实践的基础上，就素养导向的健康教育校本课程开发与实施中的目标设定、主题确定与内容选择等方面进行论述，以期为中小学校健康教育课程建设提供参考。

案例来自：狄霜梅.健康素养导向的中小学健康教育校本课程设计 [J].上海课程教学研究，2022（5）：6.略有删减

（2）理论类引言

理论类引言是指从理论层面切入文章话题。我们从理论层面切入写作时要注意两个方面的问题：一是选用的理论和研究的问题要匹配，选用的理论能够直接指导研究问题。因为所有的理论都有适用的范围，适用的条件。二是要警惕"拿来主义"，注意话语立场。我们在引用理论的时候，特别是借鉴国外理论时，要注意话语立场。我们借鉴国外理论的时候，不能说国外有这个理论，所以"我"就拿来用了，这是照搬照抄，拿来主义。而是应该说我们也正在进行这方面的研究，刚好国外也有这方面的研究，他们的做法有可借鉴之处，一些具体的做法对我们有启发，所以"我"借鉴学习一下。

【实例 1-33】
▲《高中生物学单元学习活动中的境脉设计及实践研究》
文章引言：学习境脉的研究源于学习科学。2018 年第 13 届学习科学国际大会上提出了"不同境脉下的学习研究"这一热点研究，并将

"始终关注真实境脉特别是教育创新进程中的学习"作为当前国际学习科学研究的趋势。钟启泉教授提出，培养每一个学习者超越狭小的课堂空间，以更广阔的世界和社会的"场"与"情境"，亦即以社区与整个学校作为学习者学习的"舞台"，建构有意义的学习——学习者自身潜心自己的体验与活动，从而不断有所"发现"，同时不断发展建构"脉络化的学习课题"的能力。

因此，我们将生物学单元学习活动中的境脉，界定为落实单元教学目标所涉及的单元学习整体情境和情境中学习脉络、学习场域、学习者情感等一系列要素的综合。境脉的多维性有助于落实教学单元不同维度的教学目标，学生在真实境脉中通过连续、充分的感知、理解、实践、交流来学习学科知识，形成学科概念，落实核心素养。单元教学需要教师设计单元整体情境，并梳理情境中学习活动发生的时序、场域、学习情感的激发和维持等各类学习要素，即设计生物学单元学习中的境脉。

案例来自：张燕.高中生物学单元学习活动中的境脉设计及实践研究 [J].上海课程教学研究，2022（1）：45.

（3）实践类引言

实践类引言是指作者从现实层面切入文章话题。我在审稿过程中经常会看到"我发现班级学生存在什么问题，我感觉有必要加强……"等诸如此类的表述。如果我们是在做报告，或者与同行交流，我们说自身有哪些经验和体会，这样很容易引发大家的共鸣。但是我们在写论文的时候，这样的表述不够严谨，缺少证据支撑。我们从实践层面切入话题的时候，要注意不能自说自话，做自我经验式判断，这样不够有说服力。我们要引用官方数据，或者援引该领域权威专家的论断。此外，论断的依据，最好不要是讲话或者访谈，尽量是文本性的内容，文本性的东西比较稳定，短时间内不会发生变化。

【实例1-34】

▲《在线课堂教学关系辨析：基于25节课观察》

文章引言：2020年，根据教育部《关于中小学延期开学期间"停课不停学"有关工作安排的通知》《关于深入做好中小学"停课不停学"工作的通知》等要求，上海市于3月2日全面启动在线教学。所有中小学全天、全学科开展在线教学。当前在线教学虽然是特殊时期的实践要求，但是，伴随线下教学科学开展在线教学的"混合式教学"是教育发展的必然趋势。为此，如何进一步让技术、课程、师生深度融合，理性认识在线教学并提升在线教学的质量、效益和品质，值得探索。

案例来自：何永红.在线课堂教学关系辨析：基于25节课观察[J].上海课程教学研究，2022（1）：45.

我们写文章无论从政策、理论和实践哪个角度切入都可行，或者是把其中两种结合起来使用。我们要根据研究内容，考虑从哪个角度切入更贴切，然后我们就从这个角度切入。我们知道可以从这三个角度写引言，这样我们在写作的时候更有方向性，知道从哪个角度着手，不至于那么盲目。

（四）间奏：打硬仗从谋篇布局开始

1. 论文结构常见问题

（1）标题层级混乱

文章标题层级混乱，各个层级标题之间没有逻辑关系，东一榔头西一棒子；或者是二级标题比一级标题大，二级标题不是对一级标题进一步细化和分解；再或者是同一级的标题不是在同一个层面拟定的。文章各个层级的标题一定要逻辑清晰，有条理。同时，各级标题下的内容容量要合理，不能一部分有两三页的内容，另一部分仅仅只有两三行字。同一层级标题下面的内容尽量字数相差不大。

【实例1-35】

▲原标题：《语篇分析理论在高中英语阅读教学中的应用研究》

▲原文章小标题：

> 一、系统功能语法的概念
>
> 二、对英语阅读教学的启示
>
> 三、教学案例
>
> 四、结语

实例分析：这篇文章是讲语篇分析理论在高中阅读教学中的应用。文中的案例设计翔实，对高中英语阅读教学有启发，所以我们提供了修改建议，请作者做进一步修改和完善。这篇文章主要存在以下问题：

文章结构布局不合逻辑。文章题目中说的是"语篇分析理论"，但文章第一部分却是介绍系统功能语法的概念。读者看到这个标题会打一个问号：语篇分析理论和系统功能语法，它们两个之间是什么关系？正常情况下，文章第一部分应该先介绍语篇分析理论是什么。第二部分讲了对阅读教学的启示，这也是不符合常规的。一般我们写文章，"启示"放在文章最后一部分。写文章的正常思路是先说是什么，再说做了什么，最后说得到了什么启示，这样比较符合逻辑。第三部分讲了教学案例，这部分详细呈现了教学设计。写文章时，我们不需要把完整的教学设计呈现出来，需要做一定的归纳和提炼。

修改建议：

调整文章结构布局。建议文章第一部分介绍"语篇分析是什么，如何运用语篇分析"；第二部分呈现语篇分析的应用，结合具体的案例进行分析，也就是提炼归纳原文第三部分的案例；第三部分写启示，结合具体案例设计发现和归纳出一些规律性的东西，供读者参考借鉴。

修改后：

▲标题:《语篇分析理论在高中英语阅读教学中的应用》

▲文章小标题:

一、语篇分析的含义

二、语篇分析理论的应用

三、对英语阅读教学的启示

（一）教师应引导学生关注文章逻辑框架

（二）教学中关注文章的衔接

（三）挖掘文章的隐含要素

（2）材料堆砌，缺乏归纳提炼

文章结构还有一个比较常见的问题是，把论文写成了工作汇报，或者是把论文写成了教案。也就是说，文章呈现的是原汁原味的工作报告或者是教案。我们知道学术论文、工作汇报、教案，它们是三种不同的文本，有各自的特点和侧重点。工作汇报重在说明"我"做了什么工作，取得了哪些成绩；学术论文更偏重于说理，通过这个研究得出了哪些结论。所以在写不同文本的时候，对同一件事情，我们在呈现的时候，方式和侧重点都要有所差异。我们需要对工作报告和教学设计做适当提炼，改成学术论文再发表。

我审稿看到的教学论文中经常会出现文章一部分只呈现一个表格或者放一大段课堂实录，这是不符合学术论文写作习惯的。使用表格也好，呈现课堂实录也罢，这些都是我们论证的依据。我们都是为了说明某个问题，需要对它们进行分析和阐述。我们在呈现表格的时候，要对这个表格进行分析，通过表格发现了什么问题，或者想说明什么问题，我们要做进一步的阐释和分析。呈现课堂实录的时候也是如此，通过师生对话说明了什么问题，或者这样的教学环节设计有何意图或者价值，作者也应该写出来，分析一下，交代清楚。写作是一种对话，是一种交流。不能说材料"我"全放在这儿了，各位看官自取。这样是不负责的。我们在呈现这些内容的时候，一定要对它们进行分析。

（3）文章形式不美观

文章缺少必备要件。文章没有引言，正文直接呈现第一部分内容。这样的文章看起来比较突兀，过渡不自然。或者文章只有两部分，文章好像缺少一部分内容没有讲完，这样的文章结构不完整。一篇学术论文，摘要、关键词、参考文献这些是必备要件，这些必须齐全。如果我们所要投稿的期刊，要求有摘要、关键词，我们在投稿时，也必须把摘要和关键词加上。

文章排版不美观。我在日常审稿过程中发现，不少文章，正文、标题全部用同样的字号，用最小的行间距。这样的版面编辑看起来特别累。就像老师批阅试卷，卷面不整洁，给老师的第一印象不好。所以我们自己在写文章的时候，也尽量排版美观一些，让编辑看起来舒服一些。标题用大一点儿的字号或者加粗，和正文做个区分。最简单的办法，是我们按照所要投稿期刊的要求来排版。每种期刊的排版格式要求各异，我们按照目标期刊的要求来排版，也会给编辑留下一个好的第一印象。

2. 文章结构类型

我们在拟定文章各部分小标题的时候，可以选用三种类型的结构：递进式结构、并列式结构和综合式结构。它们之间没有优劣之分，不管文章选用何种类型的结构，都是可以的，但各个部分之间一定要有逻辑顺序。

学术论文最好分三至五个部分，这样比较合适。少于三个部分，显得太少；如果多于五个部分，又显得太多。我们在写小论文的时候，尽量分成三至五个部分，这样不多不少，刚刚好。

（1）递进式结构

递进式结构是指文章各个部分之间是层层递进的关系。先说是什么，再说为什么，最后说怎么做。

【实例1-36】

▲标题:《小学语文自然情境作文教学策略探析》

▲文章小标题:

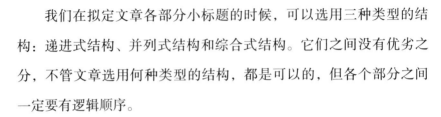

一、小学作文教学现状分析

（一）当代儿童"自然缺失症"与语言表达之失

（二）小学作文教学改革的自然维度

（三）呼应课标

二、自然情境作文的理论依据

（一）"自然情境"对于儿童语言发展的本体论意义

> （二）通过自然作文渗透自然主义教育
>
> （三）李吉林情境作文研究为教学提供支撑
>
> 三、实施自然情境作文教学的策略
>
> （一）自然情境的优选策略
>
> （二）敞亮儿童的"眼""心""言"
>
> （三）自然情境作文的表达形式

案例来自：丁伟.小学语文自然情境作文教学策略探析 [J].上海课程教学研究，2020（7–8）：55–60.

实例分析：这篇文章的结构是递进式。本文围绕自然情境作文教学，逐层展开论述。文章第一部分首先分析了小学语文作文教学的现状，接着第二部分剖析了自然情境作文的理论依据，最后提出了实施自然情境作文教学的策略。

（2）并列式结构

并列式标题是指围绕文章主题内容，把文章分解为若干个部分，且每部分之间是同等级的关系。

【实例 1–37】

▲标题:《中学音乐教学中提升作品分析质量刍议》

▲文章小标题:

> 一、重视作品分析中有方法地反复聆听
>
> 二、重视作品分析中的谱例运用

三、重视作品分析中权威文献的作用

四、重视作品分析中音像遴选的标准

案例来自：沈菡.中学音乐教学中提升作品分析质量刍议 [J]. 上海课程教学研究，2019（6）：31–34.

实例分析：这篇文章是并列式结构。文章围绕"提升作品分析质量"这一话题，提出了四个具体的策略：一是有方法地反复聆听；二是重视谱例的运用；三是重视权威文献的作用；四是重视音像遴选的标准。每个策略作为文章的一部分，文章四个部分之间是同等级的关系。

（3）综合式结构

综合式结构是把递进式和并列式结构综合起来使用。文章有若干部分是并列关系，但从整体来看文章各部分之间又是逐层递进的。

【实例1–38】

▲标题：《品德与社会课堂提问解析——以"树立良好形象，让世界热爱中国"为例》

▲文章小标题：

一、教学设计思路

二、课堂提问问题类型分析

三、课堂提问顺序分析

四、结论与建议

案例来自：谢晓英，罗加宝.品德与社会课堂提问解析——以"树立良好形象，让世界热爱中国"为例 [J].上海课程教学研究，2017（3）：56–58+80.

实例分析：这篇文章是综合式结构，它是把递进式、并列式两种文章结构综合起来了。文章第一部分讲了教学设计思路，然后第二部分和第三部分分别讲了课堂提问问题类型和课堂提问顺序，最后讲了结论与建议。作者将课堂提问划分成两个方面：一个是课堂提问问题类型，另一个是课堂提问顺序。文章第二部分和第三部分之间是并列、同等级的关系。第一部分分析教学设计思路，二、三部分讲课堂提问，最后说结论与建议，这是逐层递进的关系。

我们在写文章的时候，可先列出一个框架，然后再填充每一部分的具体内容。这样可以避免内容重复或者逻辑顺序颠倒。

3. 典型案例剖析

我们分析一些典型案例，每个案例都为我们呈现了不同的借鉴价值，便于我们从具体的案例学习写作经验。本小节具体从文章存在的问题及修改建议等方面展开分析。

【实例 1–39】文章选题不恰当、结构混乱

▲原标题:《从高考语文作文题谈生活化写作教学》

▲原文章小标题:

> 一、近五年上海乃至全国各地高考语文作文题高频词简析

二、"生活"的含义及其与语文写作教学的关系

三、语文写作教学与"生活"之间的双重断裂

四、对生活化写作教学策略的思考

实例分析：我们知道，写作和阅读是语文学科主要的两大块内容。该文以高考作文为切入点，进行作文教学研究。这篇文章的选题是非常好的，回应了语文学科关键问题。文章第一部分介绍了近五年上海乃至全国各地高考语文作文的高频词，以此说明现在高考非常重视生活化写作这方面的考查，所以作者要进行这方面的研究。第二部分讲了生活的含义及其与语文写作教学的关系，这一部分讲生活的含义偏离了文章选题——生活化写作。按照正常的写作思路，作者应该解释生活化写作是什么，而不是解释生活的含义（小论文不同于学位论文，不需要从源头追溯）。第三部分，作者其实是要讲现在作文教学存在的问题，当前作文教学没有重视生活化写作，所以作者认为有必要对生活化写作进行研究。最后提出了生活化写作教学策略。这篇文章的内容是充实的，有修改的基础。最主要的问题是文章结构混乱，可做进一步优化。

修改建议：

（1）文章论述话题要聚焦。论文含量有限，切口要巧妙，不求面面俱到，要有所取舍，主次分明，详略得当。现在文中既有分析高考作文的内容，也有关于生活化写作的内容，每一个话题都可以单独成文。在一篇小论文里面，两个话题很难兼顾，建议择其一，详细阐

述。要么分析若干年高考作文真题（通过分析历年真题得出若干结论，提出作文教学建议），要么讲生活化写作教学。

（2）修改文章结构。行文框架可做进一步完善，现在的小标题较零散，逻辑不清晰，且没有围绕文章标题来拟定。若围绕生活化写作教学来展开论述，文章结构可这样安排：第一部分讲为什么进行生活化写作；第二部分讲生活化写作教学策略；第三部分讲启发与建议。编辑的修改建议作者也并非要全盘接受，作者可对编辑的建议选择性采纳。返还修改稿的时候，可适当说明做了哪些修改，为何要这样修改，方便编辑了解修改稿情况。

（3）核心概念界定要清晰。文章讲了许多"生活"的概念，但对什么是"生活化写作"并没有界定，应补充生活化写作的含义。不管是写文章还是做课题，里面都会涉及一些概念。概念内涵我们一定要界定清晰，因为有些概念有多重含义，概念界定不清晰，会影响后文的展开。此外，概念表述要前后一致，不能随意替换概念，或者没有依据地自创概念。

（4）注意行文表述方式。在行文的时候先表明观点，然后再分析论述。方便读者抓住关键点，这样行文思路也显得更为清晰。多看多借鉴，先模仿，再自创。

修改后：

▲标题:《高中语文生活化写作教学研究》

▲文章小标题:

Part 1
论文投稿、
写作与选题

一、生活化写作教学的理论依据

（一）生活化及生活化写作教学

（二）生活化写作教学的理论依据

二、实施生活化写作教学的原因分析

（一）高考语文作文题重视生活化写作

（二）当前写作教学与生活的双重断裂

三、对生活化写作教学策略的思考

（一）创设真实的生活化写作情境，培养学生求真务实的观察态度

（二）遵循学生的身心规律，培养个性化的写作意识

（三）树立生活化写作教学思想，培养学生理性思维能力

【实例1-40】文不扣题、标题过大

▲原标题：《基于学科建设的区域单元作业设计及实施》

▲原文章小标题：

一、设计单元作业的思考

二、单元作业的类型

三、单元作业的实施

实例分析：每个学段和学科都要面临作业设计的问题，该文选题不仅对数学学科的教师有启发，对其他学科也有借鉴意义。但从文中内容来看，文不扣题。这篇文章的原标题中出现了"区域"，但在具体的行文过程中并没有围绕"区域"进行论述。既然标题中提到了"区

域"，正文也要重点围绕区域在作业设计方面的特色做法进行论述。

此外，原文章标题和小标题都过于宽泛，不聚焦。可以放在任何文章来用的标题是不成功的。文章标题和小标题都要有独特性和唯一性，也就是说，一篇文章的标题和小标题放在本文最合适，换到另一篇文章就不可行。第二部分讲到单元作业的类型，具体是什么类型的单元作业可做适当介绍。第三部分的小标题也存在同样的问题。

修改建议：

（1）文题相符，标题聚焦。文章原标题提及"区域"，但行文中仅有一段话涉及"基于学科建设的区域"的相关描述，其他的段落基本未涉及。这样文不对题，要么修改文章标题，要么修改正文内容，围绕"区域"行文；同时，第二部分提炼出具体的作业名称作为二级小标题，方便读者迅速把握文章主干内容。

（2）注意文章观点的科学性。之前教学目标是三维目标，知识与技能、过程与方法、情感态度与价值观。文中也提及了作业目标，仅仅提及知识目标，否则失之偏颇。2017年底，教育部发布《普通高中数学课程标准（2017年版）》，提出了高中数学学科核心素养，作者在论述作业目标时，也尽量要结合学科核心素养进行分析，分析每类作业可达成哪方面的学科核心素养。

（3）文章论述详略得当，主次分明。课时作业的设计不属于本文的重点，点到为止即可；重点应落在长周期、实践类、自主探究类等类型作业的论述，先界定每种类型作业的含义，然后结合具体案例进行分析。各个类型的作业是本文论述的重点，所以要花费大篇幅来论述这部分内容。写论文不必也不可能面面俱到，一定要详略得当，重点突出。同时，注意写作方法的学习。

修改后：

▲标题:《高中数学单元作业设计与实施》

▲文章小标题:

一、单元作业设计的整体思考

二、单元作业的主要类型

（一）巩固类作业

（二）操作类作业

（三）专题研究类作业

三、单元作业的实施

（一）单元作业的实施流程

（二）单元作业设计表的制作

（三）确定单元作业类型

四、结语

【实例1-41】分类角度不一致且交叉重叠

▲原标题:《高中历史课堂提问中的伪开放题》

▲原文章小标题:

一、伪开放题的类型

（一）漏斗型提问

（二）回忆题

（三）明显引导

（四）因为教师内心有期待的回答而忽视其他回答的合理性

二、对课堂提问的建议

实例分析：这篇文章是关于高中历史课堂提问方面话题的，这个话题也非常重要。因为我们所有的学科都涉及课堂提问，这篇文章不单单对历史学科教师有启发，对其他学科教师也有借鉴意义。这篇文章存在的主要问题是：伪开放题类型的划分角度不一致，且交叉重叠。第一个是"漏斗型提问"，这是从提问的形式来做的分类。第二个是"回忆题"，这是从学生的角度来界定的。第三个"明显引导"是从教师的角度说的。第四个，"因为教师内心有期待的回答而忽视其他回答的合理性"，这也是从教师的角度来做的分类。第三个和第四个分类存在交叉重叠的问题。

此外，文中问题类型的表述方式不一致且字数长短不一，有些问题类型是一个名词，如"漏斗型提问"；有些是一句话，描述了一个现象，如"明显引导""因为教师内心有期待的回答而忽视其他回答的合理性"。文中案例描述过于口语化。文章只有两部分内容，缺少一部分内容。

修改建议：

（1）重新对问题类型进行分类和命名。文章中问题类型的分类要注意分类角度一致，且内容不交叉重叠。在命名这些类型的时候，力求句式一致，字数相差不大，这样在形式上更美观。

（2）注意表述方式。案例描述过于口语化，语句不通顺。文中的案例需要做进一步的提炼和归纳。能用专业术语的，尽量使用专业术语，克服口语化的问题。同时注意表述严谨，尤其是前半段，包括对"开放性问题"的界定，以及案例中对于这类问题的描述。

（3）补充内容。文章再增加一部分内容，现在两部分内容过于单薄。三类伪开放问题每一类下面论述的篇幅尽量等量，不要过于悬殊。

修改后：

▲标题:《高中历史课堂提问中的伪开放问题》

▲文章小标题:

一、伪开放问题的类型

（一）漏斗型问题

（二）诱导型问题

（三）期待型问题

二、对课堂提问的建议

三、对未来历史课堂的展望

【实例1-42】不符合论文格式、标题笼统

▲原标题:《高中英语阅读教学中的提问设计》

▲原文章小标题:

一、理论依据

二、问题的分类与思维能力的界定

三、课例分析

四、提问原则

（一）层次性

（二）连贯性

（三）适切性

（四）开放性

（五）明确性

（六）多样性

五、反思与总结

（一）教师追问提升互动品质，启迪深度思维

（二）学生提问提升学生主体意识，培养创造性思维

实例分析：这篇文章存在的主要问题是：小标题没有围绕文章标题来拟定。文章原标题是《高中英语阅读教学中的提问设计》，正常情况下，文中所有的小标题也应该围绕"提问设计"来拟定，现在文章的小标题和"提问设计"没有直接关系。

行文内容安排不合理。第四部分提问原则中分了六个原则。原则那么多，等于没有原则。第五部分，反思与总结。这部分内容过于单薄，需要再做进一步的深入分析，丰富文章内容。文中有单独的一部分概念界定，这不需要。小论文不需要单独列一部分来讲概念界定和理论依据。我们在写学位论文或者写课题申请书的时候，会单独有一

部分讲概念界定、理论依据，但小论文不需要。

修改建议：

（1）删掉理论依据和概念界定部分。小论文一般不把"理论依据"和"概念界定"单列，小论文若涉及这些内容的话，直接在正文简单交代一下即可。原文中这两部分可以融合到其他部分。

（2）重新拟定文章小标题。目前的小标题与文章大标题不对应，小标题与文章标题没直接关联。请围绕文章标题另拟小标题。可以提问设计与实施作为小标题，如提问设计的准备、实施和原则、启发建议等。

（3）提问原则分类过细，需要合并，将相近的原则做合并。

修改后：

▲标题：《高中英语阅读教学中的提问设计》

▲文章小标题：

一、提问设计的准备

二、提问的实施

（一）读前的问题设计

（二）读中的问题设计

（三）读后的问题设计

三、提问设计的原则

（一）层次性和开放性

（二）连贯性和适切性

（三）明确性和多样性

四、启示与建议

（五）尾奏：关注细节，参考文献加分

1. 参考文献作用

（1）评判文章优劣的标准之一。我们常说，站在巨人的肩膀上，看得更高更远。如果我们引用的文献不权威，那么，这篇文章的可信度也会打折扣。我们引用权威作者的论断和权威文献，使文章可信度更高。

（2）判断作者学术水平的依据之一。参考文献引用不规范或者引用非权威文献，是作者缺乏写作经验的表现之一。

2. 存在的问题

我在审稿过程中，发现参考文献主要存在三方面的问题：一是引文文献不权威，引用的文献不是权威文献，或者不是权威专家的文章或者专著。二是引用不规范，如引用文献了，但未标注。最常见的是引用课程标准中的内容，但作者并未标出参考文献。三是参考文献格式不规范，如实例1–43所示。

【实例1–43】

参考文献：

（1）《在小学英语教学中如何引入语境》Annie（参考文献格式不

规范，缺少作者、文献类型、期数等）

（2）学生读题错误溯因及教学改进策略［EB/OL］.某文库，2018-09-15（参考文献格式不规范，且引用不权威）

（3）高德胜."接上童气"——小学《道德与法治》统编教材研究.人民教育出版社.2019.9（参考文献格式不规范，缺少文献类型，个别标点符号使用错误。修改为：高德胜."接上童气"——小学《道德与法治》统编教材研究 [M].北京：人民教育出版社，2019.）

3. 参考文献格式

我们平时写小论文常用四类文献（期刊论文、专著、学位论文和网络文献），每种文献的标注方式，具体如下。

（1）期刊论文

作者.文章题目 [J].期刊名，年份（期数）：页码.

【实例1-44】

李继文.教师立场下学前主题式深度教研的思考与实践 [J].上海课程教学研究，2022（7-8）：30.

（2）专著

作者.书名 [M].城市：出版社，年份：页码.

【实例1-45】

沈晓敏.对话教学研究 [M].北京：北京师范大学出版社，2014：57.

（3）学位论文

作者.文章名 [D].城市：学校，年份：页码.

【实例 1-46】

王洁.人身权利教育下的校园欺负对策研究 [D].上海：华东师范大学，2017：67.

（4）网络文献

作者.题目 [EB/OL].访问日期，网址.

【实例 1-47】

中华人民共和国教育部.关于进一步减轻义务教育阶段学生作业负担和校外培训负担的意见［EB/OL］.［2021-11-12］.http://www.moe.gov.cn/jyb_xxgk/moe_1777/moe_1778/202107/t20210724_546576.html.

第三章　你还在为找选题苦恼？

编辑说　谈到论文写作难，不少人遇到的第一个难题是：不知道写什么。不少一线教师认为，除了日常教学工作，就是忙工作中的各种琐事，这些是再平常不过的了，没有研究价值可言，所以对论文选题无从着手。如何确定论文选题？编辑来支招——立足日常教学，以教促研，教研相长，让你有源源不断的选题。

前面我们看了论文投稿和论文的具体写作。接下来这一节我们看选题，也就是可以写什么。谈到这个话题是因为我在和一线教师接触过程中，发现很多教师会苦恼论文不知道写什么，觉得没什么内容可写。究其原因是把教学、写论文、做课题，当作三件独立的事情来做，缺少发现选题的眼光。我们完全可以把三件事情当作一件事情来做。我们上了一节好课，可以根据这节好课写篇文章，然后在文章的基础上再做成一个课题（上好课、写论文、做课题，三件事情是可以相互转化，相互促进的）。事实上，教师在日常教学中有非常丰富的写作素材。只要带着问题意识去重新认识我们的日常教学，就会发现有源源不断的写作素材。届时，我们不会再苦于无选题可做，而是发愁能写的话题太多，什么时候能研究完这些选题。

（一）论文选题契机多，另起炉灶不可取

教研活动、教科研评比、课题/项目和各类公开课，这四类活动，每位教师或多或少都会参与的，所以我们在写论文的时候，选题主要也是从这四类活动中挖掘。

1. 各类教研活动、教学展示、学术会议发言

我们国家有非常完善的教研制度，国家、省、市、县、校五级教研体系。教师每学期必须固定参加一定数量的教研活动。每次教研活动教师都花费了大量的时间和精力来准备、来组织。一次成功的教研活动不单单是个人的努力和付出，也离不开团队的共同努力。这些内容能拿到教研活动上来展示，说明经得起推敲。将教研活动的内容改写成论文时，我们不需要过多考虑文章的科学性和导向性问题，既然能拿出来展示肯定极少有科学性和导向性方面的问题；既然能拿出来展示必定在某个方面有一定的引领、示范作用。所以教研活动是非常好的选题来源，也是非常好的写作素材。

教研活动，不管是负责展示的教师，还是参与听课的教师都可以从中找到合适的选题。听课教师可以从评课的角度切入，讲课教师可以从备课、教学设计的角度切入，组织教研活动的教师可从教研活动主题策划的角度切入。

教学展示，如重大成果展示（统编教材、"双新"、数字化转型等）以及各种类型的学术会议发言，都是很好的选题来源。与教研活动同理，它们也是良好的选题契机。只要我们有一双善于发现的眼

睛，就不难找到选题的切入点。

2. 各类教科研评比

我们教学、科研评比有各种类型、各个级别的，有校级的、区（县）级的、市级的、省（自治区、直辖市）级的，还有全国性的。如全国"一师一优课"教学评比，上海市中青年教师教学评比，国家教学成果奖评比，上海市教学成果奖评比，文献综述评比，调查报告评比，等等。如果我们能拿奖，说明内容比较成熟，经得起推敲。所以我们不要浪费这些丰富的素材，再稍微往前走一步，找到合适的切入角度，把它们稍加整理，写成文章，这样我们又可以多一个成果。

3. 各类课题／项目

我在学校调研的过程中，发现很多学校课题立项数量和发文章数量不相上下，甚至是课题的数量比发表文章的数量还要多。后来了解到，做课题和发文章相比，评职称时课题所占的权重更大，所以一线教师更倾向做课题。还有他们认为发文章比课题立项更难。课题大部分是同一个区域内的教师进行比拼，但发文章要和全国范围内的教师进行对决。此外，一般区级课题没有发文章的强制性要求。所以课题是轰轰烈烈地开始，悄无声息地结题，其实这样有点儿"浪费"我们的课题。我们做课题也是花费了大量的时间和精力的，应该根据这个课题再多列几个选题，写几篇文章。

一般情况下，每项课题，都可以写三篇左右的文章。只要我们认真地对待一项课题，再稍加整理，是能多出几篇好文章的。

4. 各类公开课

有一节好课，文章已经成了一半。无论哪个教师在执教生涯中，都会开几十节甚至上百节公开课。利用一节公开课的内容改写论文，对教师而言，是非常有意义的。教师准备公开课要花费大量的时间和精力，甚至一节成功的公开课是整个团队努力的结果。公开课已经具备一篇论文的主干部分了，再稍加整理和提炼就是一篇非常好的论文。开公开课的教师再稍微向前走一步，就可以把日常教学经验上升为理性思考，把日常教学经验固化下来。同时，还可以与更多的人分享自己的教学经验。

我们还可以以别人的课为例进行分析。自己的课适合从教学设计的角度切入，别人的课可以从课例分析的角度切入。2020 年全球范围内开启了大规模的在线教学实践。上海市录制了空中课堂，展示了一些非常优秀的示范课。我们在选题的时候，可研究空中课堂资源的再开发与利用（线下教学如何使用空中课堂资源）、空中课堂视频分析、话语分析等。

以上四个方面都是讲围绕教师日常工作找选题。我们现在可以回想一下，以往我们参加过哪些教研活动，参与过哪些教科研评比，做过哪些课题、项目，开过哪些公开课……我们可以再重新审视它们，做一些梳理，看看可以列出哪些选题。我们在日常教学过程中，要有选题意识，不局限于工作本身，结合实际工作，我们不愁没选题。

（二）提炼日常教学经验，教学发表两不误

日常教学中可积累大量素材，具体来说我们选题来源还可以从以下四个方面来考虑。一是梳理当下教育热点，教育政策、理论和实践热点是全社会普遍关注的。我们对热点话题进行研究，可以回应热点，也可以指导我们的日常教学工作。

二是论文选题立足日常教学工作，解决教学中的困惑和难题。从我们的日常教学出发，这也是最有效的途径。这样可以把科研与我们的日常工作结合起来。一方面可以对我们的日常教学起到指导作用，促进我们的教学反思，提升我们的教学水平；另一方面，也可以让我们有成果产出，通过做科研，提升我们的教学实践水平。

三是从各级各类的课题指南中获得灵感。一般情况下，每个课题立项通知发布的时候，都会附带一个课题指南，方便大家选题立项。我们实在是不知道写什么的时候，也可以看看各级各类的课题指南，这也会给我们启发。

四是我们在看专著、期刊文章或者是听学术报告的时候，若对某些内容感兴趣，也可以从这些话题切入，然后进行写作，这也是非常好的选题来源。期刊的征文活动、征稿启事也会给我们一些启发。各期刊根据当时的教育热点或者办刊特色，每年都会固定举办征文活动或者是进行栏目征稿。每次征文活动都有明确的主题，这也会给我们的选题提供方向。

在此也提醒大家，我们看论文或者专著的时候，不要仅局限于自己的学科或者学段，教英语的只看英语，教数学的只看数学，这样有局限性。"他山之石，可以攻玉"，我们通过看其他学科的一些内容可以得到一定的启示，别人在英语学科这样做了，然后我们借鉴到语文学科，这样更有价值。各个学科是相通的，看不同学科的东西会带给你不同的启发。有篇文章是讲小学英语游戏化教学的，小学语文、数学学科可以借鉴过来，写小学语文或者小学数学如何进行游戏化教学。我们在看文献的时候要博览而约取，各个学科都要涉猎，有所了解。

（三）选题原则要记牢，有趣有料有干货

选题的总体要求是：有趣、有料、有干货。我们研究的内容必须有趣，也就是说有一定的新颖性，研究内容与时俱进，要么是研究方法新，要么是研究内容新，要么是研究视角新。在任何方面有一点儿新意，都是可以的。

我们谈论任何一个话题，都要言之有物，不能泛泛而谈。或者能解决一个学科的具体问题，或者对学生的学有启发，或者是对教师的教有所启发，不管是哪个方面，要让读者看完有所得。

Part 2

如何将一节课
变为论文

　　每位教师在执教生涯中要上成千上万节课。这其中总会有一些课，我们自认为得意，并广受好评，成为我们的代表课。教师准备一节好课要花费大量的时间和精力，甚至一节优质课是整个团队努力的结果，这期间经历了无数次的磨课和试教。一节好课已经具备一篇教学论文的主干部分了，再稍加整理和提炼就是一篇高质量的论文。把一节好课变成论文，对教师来说非常有意义。但是如何把这些好课变为论文，又令很多教师头疼不已。我从编辑视角出发，提供具体的可操作路径。

第四章　什么课适合写成论文？

> **编辑说**　对一线教师来说，课是天天上，论文却难有。解决该难题的关键在于，找到适合写成论文的课。适合写成论文的课具备两个特点：一是解决学科关键问题；二是回应教育热点问题。一线教师最常写的是教学论文，而一节好课是教学论文的主干部分。我们只要能够识别适合写成论文的课，就再也不愁写论文。

通过日常与一线教师交流和日常来稿情况来看，我发现不少一线教师在把一节课写成论文的时候，最发愁的是不知道如何提炼一节课的写作主题，从哪个角度切入来分析和阐释这节课。想要把一节课变为论文，首先我们要找到适合写成论文的课。适合写成论文的课，它必须具备两个特征：一是解决学科关键问题；二是回应教育热点问题。具备了这些特征，我们就很容易找到论文写作的切入点。

（一）解决学科关键问题

学科关键问题包括两类：一是学科共性问题，适用于中小学所有学科的研究选题，如课堂提问、学习活动设计、单元教学、高阶思维等；二是学科特色问题，也就是该学科所特有的研究内容，如语文的古诗词教学、整本书阅读，理科类学科的实验教学，英语学科的听说读看写等。

1. 学科共性问题

中小学所有学科都涉及的问题：学习活动设计、课堂提问、单元教学、作业研究、评价研究……表 2-1 所示例子，说明同一个学科共性问题，我们可以在不同的学段、学科中进行研究。

表 2-1　学科共性问题案例一览表

序号	题目	学科	共性问题
1	基于单元规划的初中道德与法治学习活动设计	初中道德与法治	学习活动
2	指向语文要素的小学语文单元学习活动设计	小学语文	
3	聚焦学科核心能力发展的小学数学单元学习活动设计与实施	小学数学	
4	高中英语阅读教学中的提问设计	高中英语	课堂提问
5	高中英语故事类阅读文本的提问设计研究	高中英语	
6	品德与社会课堂提问解析——以"树立良好形象，让世界热爱中国"为例	品德与社会	
7	指向深度学习的小学英语单元教学设计与实施	小学英语	单元教学
8	"双新"背景下高中化学单元教学设计思考	高中化学	
9	结构化视角下初中体育武术单元教学实践	初中体育	

序号	题目	学科	共性问题
10	高中数学单元作业设计与实施	高中数学	
11	基于英语学习活动观的高中英语单元作业设计	高中英语	作业研究
12	学科核心素养导向下的高中物理单元作业设计	高中物理	
13	小学低年级自然课堂评价改进策略初探	小学自然	
14	中学美术课堂形成性评价设计与实施	初中美术	评价研究
15	高中语文项目学习表现性评价的设计与反思	高中语文	

2. 学科特色问题

中小学每个学科都承担着独特功能，这构成了每个学科所特有的研究内容。如英语学科的听说读看写；语文的古诗词、作文教学、整本书阅读；物理、化学、生物学科的实验教学……每个学科所特有的研究内容，我们可以从 2022 年 4 月份发布的义务教育课程标准和 2020 年修订版高中课程标准中寻找。课标中的新观点、新要求，可以作为我们的研究重点。例如，高中政治的活动型课程、议题式教学，语文学科的整本书阅读，高中信息技术的计算思维，等等。表 2-2 呈现的是学科特色问题研究案例。

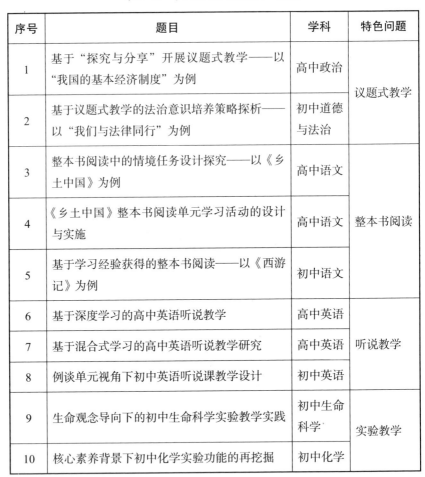

表 2-2　学科特色问题案例一览表

序号	题目	学科	特色问题
1	基于"探究与分享"开展议题式教学——以"我国的基本经济制度"为例	高中政治	议题式教学
2	基于议题式教学的法治意识培养策略探析——以"我们与法律同行"为例	初中道德与法治	
3	整本书阅读中的情境任务设计探究——以《乡土中国》为例	高中语文	整本书阅读
4	《乡土中国》整本书阅读单元学习活动的设计与实施	高中语文	
5	基于学习经验获得的整本书阅读——以《西游记》为例	初中语文	
6	基于深度学习的高中英语听说教学	高中英语	听说教学
7	基于混合式学习的高中英语听说教学研究	高中英语	
8	例谈单元视角下初中英语听说课教学设计	初中英语	
9	生命观念导向下的初中生命科学实验教学实践	初中生命科学	实验教学
10	核心素养背景下初中化学实验功能的再挖掘	初中化学	

（二）回应教育热点问题

教育热点大致可以分为三类：政策热点、理论热点和实践热点。若一节课对教育热点有所回应，我们较容易提炼出写作主题，这样的课也适合写成论文。

1. 政策热点

政策热点是指党和国家、教育部或其他教育主管部门所颁发的一系列与教育相关的政策法规、文件和通知等。近年来，国家在劳动教育、传统文化教育、教育信息化、课程标准、生态文明教育、法治教育、中高考改革等方面发布了一系列政策法规、意见通知。这些是我们备课时需要关注的热点，也是我们进行写作时重要的立论依据。

（1）劳动教育

《义务教育劳动课程标准（2022年版）》

《关于全面加强新时代大中小学劳动教育的实施意见》

《大中小学劳动教育指导纲要（试行）》

《关于全面加强新时代大中小学劳动教育的意见》

（2）传统文化教育

《中华优秀传统文化进中小学课程教材指南》

《关于实施中华优秀传统文化传承发展工程的意见》

《关于完善中华优秀传统文化教育长效机制的实施意见》

《完善中华优秀传统文化教育指导纲要》

（3）教育信息化

《河南省"十四五"教育信息化发展规划》

《上海市教育数字化转型实施方案（2021—2023）》

《关于大力加强中小学线上教育教学资源建设与应用的意见》

《关于全国中小学教师信息技术应用能力提升工程2.0意见》

《教育信息化2.0行动计划》

《新一代人工智能规划》

我们在备课的时候，也要有意识地搜集和课相关的教育热点，并在教学设计中有所体现。备课的时候，关注和课主题相关的各类政策文本，有助于后续我们根据这节课来写作文章。我们在备课时，要注意关注最新的政策文本，同时注意各文件之间的关系，不要混淆它们之间的逻辑关系和先后顺序。再者就是，我们引用的政策文本要和课的主题密切相关。

2. 理论热点

理论热点是指随着实践的发展和新政策的推行，当前比较受教育研究领域关注的研究内容。如学习科学、深度学习、跨学科主题学习、项目化学习、高阶思维、情境教学、儿童哲学……若一节课与教育理论热点密切相关，那么这些理论就是我们分析这节课的支撑。

（1）学习科学

学习科学兴起于 20 世纪 80 年代末，之后在世界范围内迅猛发展，引起了神经科学、心理学、社会学、计算机科学、教育学等相关学科研究者的极大兴趣，并在此基础上逐渐形成了日趋明晰的学习科学专业领域。[①]学习科学研究领域主要涉及学习是什么（学习的本质是什么）、人是如何学习的（学习的发生机制）、如何高效地学习。近

---

① 郑太年，赵健，王美，等.学习科学与教育变革——2014 年学习科学国际大会评析与展望 [J].教育研究，2014（9）：150.

年来学习科学呈蓬勃发展态势：学习科学领域研究成果不断涌现；各类学习科学研究机构相继成立；不同层次的学习科学研讨会频繁召开。学习科学是当下有关教育研究最前沿的理论，为了促进学生高效学习的发生，我们一线教师有必要了解和应用学习科学理论成果。

（2）跨学科主题学习

跨学科主题学习是指将两门或两门以上的学科整合起来，以解决真实问题，培养学生的创造力、批判性思维等高阶思维。STEM 教育是当今国际教育界公认的跨学科学习典型。2018 年 3 月，《上海市进一步推进高中阶段学校考试招生制度改革实施意见》，明确提出从 2017 年入学的六年级学生开始，全面实施初中学业水平考试制度。其中，地理、生命科学等学科的跨学科案例分析作为综合测试的一部分，视为中考计分科目。《义务教育课程方案（2022 年版）》第一次明确要求，统筹设计综合课程和跨学科主题学习，各门课程用不少于10% 的课时设计跨学科主题学习。

（3）高阶思维

对学生思维品质的培养常说常新。高中和义务教育阶段课标中多个学科核心素养涉及思维培养方面的内容，如语文（思维发展与提升）、英语（思维品质）、物理（科学思维）、生物（理性思维）、地理（综合思维）、信息技术（计算思维）等。一线教师在研究这些学科核心素养的时候，可从实践者的角度切入，思考我们具体在日常的教学里该怎么落实、怎么培育，这也是我们一线教师擅长的。

（4）儿童哲学

近年来关于儿童的研究领域精彩纷呈，如儿童哲学、儿童经验、儿童立场，等等。儿童哲学创始人李普曼正是发现他的学生缺乏思维的技巧，并认为这是儿童时期缺乏基础性的思维训练导致的，由此提出对儿童进行哲学教育，儿童哲学应势而生。儿童哲学的教育目标是培养儿童的 3C 多维度思考能力，即批判性思考（Critical Thinking）、创造性思考（Creative Thinking）、关怀性思考（Caring Thinking）。政治、道德与法治和历史等学科非常适合以儿童哲学为指导来进行研究。

3. 实践热点

实践热点是指一线教师在日常教学实践中所关注的问题：一是如何教；二是如何指导学生的学习。比如，教学方法的选择，教学理念的贯彻，教学目标的达成，信息技术手段的运用……

同时，我们要注意政策、理论和实践热点，这三个方面不是泾渭分明、截然分开的。它们会有交叉重叠的情况，有些内容既是政策热点，也是理论和实践热点，但不同群体对它们的关注点和侧重点不一样。如学科核心素养，研究者更关注对其内涵阐释及学校对其落实情况如何；一线教师则关注如何在日常教学中具体落实和培育学科核心素养。

我们该如何获取教育热点信息呢？可以关注三类主体：一是看我们教育主管部门有哪些最新文件、通知；二是看相关领域的研究者，他们最近关注哪些话题，有什么新的研究成果；三是多关注相关领域的专业期刊、专著，从这里边获取教育热点信息。我们一线教师做研究是为了解决日常教学中遇到的实际问题，与同行分享教学所得，增进教学经验，所以必须立足日常教学实践，回应教育热点，这样的研究才是有生命力的研究。

第五章 如何确定写作切入点?

编辑说 一线教师拥有丰富的教学实践经验，但对如何提炼这些实践经验使之成文，缺少具体的路径。我们将一节课变为论文的关键是：找到论文写作切入点和确定论文写作类型。编辑结合教师需求和课例研究理论，提出六种确定论文写作切入点的方法，呈现两种论文写作类型，并结合大量案例进行说明。

（一）提炼写作主题方法

一节课能够解决学科关键问题，说明这节课具有示范性，有研究价值。一节课能够回应教育热点，说明这节课能从不同的层面（政策、理论和实践）找到支撑。我们在提炼一节课的写作切入点时，具体可从两个方面着手：一是看这节课解决什么学科关键问题；二是这节课可以和哪些教育热点相联系。学科关键问题和教育热点相结合，从而提炼出论文写作主题。具体来说，可以把学科共性问题、学科特色问题和理论热点、政策热点、实践热点任意两个或者三个组合起来，从而找到写作切入点。具体如下所示。

1. 政策热点＋学科共性问题

【实例2-1】《党史教育*融入初中道德与法治课的实践探索——以"少年有梦"为例》

【实例2-2】《"双减"背景下小学英语作业优化的实践探索》

【实例2-3】《新劳动教育背景下小学劳动技术课程建设的思考》

【实例2-4】《"初中强校工程"背景下的生涯适应力课程建设》

　　政策热点：党史学习教育、"双减"、劳动教育、"初中强校工程"

　　学科共性问题：道德与法治教学、小学英语作业、课程建设

2. 理论热点＋学科共性问题

【实例2-5】《基于深度学习的初中信息科技项目化学习设计》

【实例2-6】《基于儿童立场的小学信息科技在线教学设计》

【实例2-7】《促进学生审辩式思维发展的学习活动设计》

【实例2-8】《基于英语学习活动观的高中英语单元作业设计》

　　理论热点：深度学习、儿童立场、审辩式思维、英语学习活动观

　　学科共性问题：项目化学习、在线教学、学习活动、作业设计

3. 实践热点＋学科共性问题

【实例2-9】《初中物理在线学习任务单的设计研究》

---

*编者注：全书使用"党史学习教育"这一标准表达，但在涉及政策文件和论文名称时，为方便读者查询，仍保留原表述。

【实例 2-10】《小学英语在线教学形成性评价应用策略探析》

【实例 2-11】《整本书阅读中的情境任务设计探究——以〈乡土中国〉为例》

【实例 2-12】《基于统编初中语文教材的大单元教学整体设计与实施》

实践热点：在线教学、整本书阅读、单元教学

学科共性问题：任务单设计、形成性评价、情境任务、单元教学

4. 政策热点 + 学科特色问题

【实例 2-13】《人工智能教育在初中信息科技课程中的初步探索》

【实例 2-14】《融入传统文化的高中英语阅读教学策略》

【实例 2-15】《生态文明教育在高中生物教材中的体现》

【实例 2-16】《"双新"背景下高中排球专项化教学实践与思考》

政策热点：人工智能教育、传统文化教育、生态文明教育、"双新"

学科特色问题：信息科技课程、阅读教学、生物教材研究、高中体育专项化教学

5. 理论热点 + 学科特色问题

【实例 2-17】《基于项目式学习的"当代文化参与"思考与实践探究》

【实例 2-18】《创设问题情境培养高中生数学抽象能力——以"抛物线及其标准方程"为例》

【实例 2-19】《基于深度学习的英语诗歌教学——以"The Geography Lesson"为例》

【实例 2-20】《基于生活情境发展小学生空间观念——以"制作积木收纳盒"为例》

理论热点：项目式学习、问题情境、深度学习、情境教学

学科特色问题：当代文化参与、数学抽象能力、英语诗歌教学、空间观念

6. 实践热点 + 学科特色问题

【实例 2-21】《在线教学背景下小学语文笔记指导策略研究》

【实例 2-22】《基于议题式教学的法治意识培养策略探析——以"我们与法律同行"为例》

【实例 2-23】《高中政治单元规划视角下的社会实践活动设计》

【实例 2-24】《生命观念导向下的初中生命科学实验教学实践》

实践热点：在线教学、议题式教学、单元教学（单元规划）、核心素养培育（生命观念）

学科特色问题：笔记指导、法治意识、社会实践活动、实验教学

（二）论文写作类型

依据论文写作的切入角度不同，论文写作可分为两类：一是课例设计，侧重从教学设计的角度来进行阐释；二是课例分析，侧重从评课的角度来分析一节课，聚焦课的某个具体方面，如课堂提问、师生互动、课堂导入，等等。

1. 课例设计

课例设计是指从教学设计的角度来进行写作，阐明为达成教学目标，这节课设计的指导理念是什么，运用了哪些教学方法，设计了哪些学习活动，以及这一系列教学活动的理论依据等。从课例设计角度切入，用一线教师的话来说，就是从上课的角度来写作文章。

【实例 2-25】

▲《党史教育融入初中道德与法治课的实践探索——以"少年有梦"
为例》写作思路

编辑说： 写作使碎片化教学经验转化为系统化教学体系。一线教师的日常工作是较为琐碎的。每天忙忙碌碌，但回头再看似乎又不知道忙了些什么。但通过写作，能使碎片化日常教学系统化，将实践经验变为理性思考。

Ⅰ 主题提炼：政策热点＋学科共性问题

Ⅱ 文章内容概述*

党史学习教育与初中道德与法治课具有内在契合性。本文以"少年有梦"一课的教学设计与实施为例，探索如何在道德与法治课教学中融入党史学习教育。首先，厘清党史学习教育内涵；接着，在课堂教学各个环节落实党史学习教育。在课堂导入环节通过党史中不同时期的三位关键人物的梦想揭示主题；在探索新知环节让学生置身于革

---

*本部分内容在论文摘要的基础上改写。下同。

命场景展览中，通过对经典场景和经典事件的体验与学习，感悟中国共产党从树立初心使命到不断战胜困难，再到带领中国人民站起来这期间所付出的努力，引导学生把自己的梦想与时代脉搏相连，传承红色基因，牢记初心使命。最后提出初中道德与法治课中落实党史学习教育的建议：利用重要事件，增强党史情感；转变教学观念，加强日常渗透；挖掘教育资源，开展实践学习。

Ⅲ 文章结构：递进式结构

一、教学设计背景

二、教学实施过程

（一）激趣导入环节：看图说话，谈理想

（二）探究新知环节：观视频，立大志

（三）体验发现环节：辨关系，践实行

三、初中道德与法治课中落实党史学习教育的建议

（一）利用重要事件，增强党史情感

（二）转变教学观念，加强日常渗透

（三）挖掘教育资源，开展实践学习

Ⅳ 写作思路分享*

（1）写作起点：2020年暑期，作者作为学"四史"研学实践活

---

* 本部分内容根据笔者和各位老师的访谈、笔谈内容整理而成。下同。在此向14位老师一并表示感谢，他们分别是：王洁、徐慧惠、高凯、王欢、陆思思、仇青、丁圣俊、姜振骅、莫晓连、徐佳祺、彭程、栗小妮、范楠楠、周兰。

动的课程导师，在研学活动中为学生开设了一门思政"四史"微课。2021 年 4 月份学校参加一个评选活动，作者负责学校课程思政特色案例的总结与撰写，在其中总结了学校以革命烈士展馆为载体的"四史"特色课程。2021 年 5 月份作者又参加了上海市中小幼思政课一体化的现场展示活动。通过这一系列的活动，让作者对"四史"有了一个全新的认识，其中对党史学习教育深有感触。于是，作者决定抓住这些契机，写篇文章谈谈如何在道德与法治课中开展党史学习教育。

（2）构思过程

a. 主题提炼：确定教学论文写作切入点的关键在于确定文章写作的核心概念。我们可以从当年的社会热点话题入手，来确定核心概念。2021 年最具热点的话题莫过于中国共产党成立 100 周年。以"中国共产党成立 100 周年"为关键词，检索相关文献，寻找与教育教学领域密切相关的内容，作者最终找到 2021 年 4 月 20 日教育部发布的《关于在思政课中加强以党史教育为重点的"四史"教育的通知》，据此确定本文切入点为：党史学习教育。接着梳理手上现有课例，找到与党史学习教育相契合的课例——"少年有梦"，最终确定本文的写作主题。

b. 内容转化：一节课变成文章内容的时候，我们需要对教学设计做适当取舍和修改。首先，我们根据上课的情况，进一步完善教案，如上课时的导入是问学生幼儿园、小学和初中各阶段的梦想分别是什么。（上课时这样导入能够充分调动学生的积极性，引导学生踊跃发言）在写论文的时候，将课堂导入变为"呈现一组图片，分别是：周恩来的梦想——为中华之崛起而读书；邓稼先的梦想——为国家研究出第一颗原子弹；袁隆平的梦想——禾下乘凉梦，杂交水稻覆盖世界"。（原课堂导入在文中直接呈现的话内容过于单薄，且与党史学习教育关联性不强，所以写作文章的时候，作者重新设计了该环节）然后，在此基础上，作者再对教学设计按照文章主题及框架做进一步提炼，如把教案中的教学目标、重难点、问题预设等内容去掉；再如，把课堂内容分为三个环节，每一个部分呼应不同的党史内容，然后说明每一个部分是如何实现把党史学习教育融入初中道德与法治课的。最后，结合文章主题提出教学建议，供读者参考。

c.理论支撑：一篇文章需要有理论支撑，因为个人的想法不一定具有权威性和说服力。我们提出的观点要有理有据。作者在对党史学习教育这一概念进行界定时，遇到了难题。通过查阅文献也没有找到权威的说法，于是借鉴了法治教育概念的划分以及教育学相关知识，最终把党史学习教育内容划分为三个维度。遇到此类情况时，我们可借鉴权威定义，也可自行界定，但要有理有据，能够自圆其说。（有关"概念界定"的内容，详见 Part3 相关部分内容）

（3）写作心得

a.关注教育热点，提炼教学经验。关注教育热点，注重日常教学经验积累，充分利用日常参与的各类活动。通过写作把平时做的很多事情都串联起来了，同时也促使自己对家常课的反思和改进。2020 年暑假开设了思政"四史"微课、撰写案例完成了工作任务、参加了一个教研活动，原本这些都是一件一件独立的事情，但通过这次党史学习教育方面文章的写作把它们都串联起来了。通过这些活动，作者对"四史"有了深入了解和全面认识，形成写作的基础。"少年有梦"原本是作者的一节公开课，通过这次写文章，作者对这些又重新进行了设计，这节课以后可以作为她的代表课。

b.文章框架定，写作有方向。文章框架的搭建可参考借鉴同类文章，不仅是本学科的，其他学科的文章也可以拿来学习。看别人的文章框架包含哪几个部分，每部分内容是如何安排的，先讲什么，再讲什么。然后根据自己文章的实际情况做调整，力求有一定的创新性。

万事开头难。最初开始写作的时候，可能会无从落笔，但不要担心，我们可以一点一点地写，积少成多。写作过程中，还会不停地删除修改，怎么看都不顺眼，但一定要动起笔来。先完成，再完美！

c.注意规范性、科学性，严格把关。本篇文章讲的是党史学习教育相关内容，其中关于党和国家领导人的讲话、党史学习教育内涵的总结都要严谨，所以必须使用权威信息来源的表述。此外，可以参照目标期刊往期发表的文章，调整整个文章的体例和格式。

【实例2-26】

▲《"一课一例"在促进深度学习中的应用——以"生命的韧性"为例》写作思路

编辑说：备课有理念，论文有基础。我们传统的备课是备课、备教材、备学生（三备）。为了提升教学水平，我们备课不能再局限于"三备"。除了"三备"之外，我们也要查阅与课相关的理论，这样备课有深度，方便后续将课改为文章。

Ⅰ 主题提炼：理论热点＋学科共性问题

Ⅱ 文章内容概述

作者以"一课一例"教学设计进行实践探索，首先阐明"一课一例"的概念，即用一个真实的案例贯穿整节课始终；接着分析选择"生命教育"主题的原因，用"2011 年度感动中国人物"孟佩杰的事迹串联起整节课的关键节点，从主题的确定、案例的选择、环节的设计、重难点的突破等方面进行实践，探究"一课一例"在促进学生深度学习中的作用。

Ⅲ 文章结构：递进式结构

一、厘清概念（深度学习、"一课一例"）

二、选择"生命教育"主题的原因

三、"一课一例"的教学设计

（一）案例的选择

（二）教学环节设计

四、"一课一例"对深度学习的作用

Ⅳ 写作思路分享

（1）写作起点：2020 年 1 月 2 日作者开了一节市级研讨课。在整个公开课的准备过程中，感觉提升很快，收获很大，所以作者想将准备这节公开课过程中的收获和感悟记录下来，供日后自己总结、反思之用。非常巧，一位期刊编辑也参与了那次公开课，她鼓励作者总结开课的经验，将这节公开课写成文章，向期刊投稿。在她的鼓励下，作者的写作积极性更高了，下定决心要写一篇文章。

（2）构思过程

a. 主题提炼：根据本次备课指导理念"一课一例"确定文章切入角度。本次公开课的主题是"增强生命意识，追求生命价值"。结合这一主题作者选择了六年级下册的"增强生命的韧性"作为教学内容。在确定教学重难点时，沈晓敏教授指出："一课一例"的教学方式能把问题说透，激发学生深度学习。她建议作者用"一课一例"的方式进行尝试，以此进行教学重难点突破，最终确定了本节课的教学方法。本节课有明确的理论支撑和教学亮点，于是文章写作也据此进行。

b. 内容转化：第一部分分析"一课一例"和深度学习的概念及二者之间的联系，这部分是关于本节课备课指导理念的详细阐述；第二部分介绍了选择"生命教育"主题的原因，也就是本节课的教学重难点分析和学情分析，用较为学术的语言呈现；第三部分是围绕"深度学习""一课一例"对本节课教学环节设计进行详细阐述分析；第四部分概括了"一课一例"对深度学习的促进作用，根据教学反思进行写作。

c. 理论支撑：本文写作的理论支撑是"一课一例"和深度学习。一线教师写作文章的重点不是提出或者创新某个理论，而是以现在有的理论为指导，改进和优化自己的教学。我们选用的理论要和我们的课相匹配，能够指导我们的日常教学。我们要注重研究与本学科相关的教学方法、理念方面的一些理论，以及关于大教育方面的热点理论。一方面有助于我们改进教学，另一方面也有助于增加文章的深度。

（3）写作心得

a.趁热打铁，一鼓作气。一线教师上完公开课马上进行反思总结，这样容易出文章。刚开完课，我们对这节课的印象最深刻，哪些地方做得好，哪些地方需要改进，心中有数。若时间长了，对课的内容会淡忘，开课的激情会冷却，思维的火花也会熄灭。那时再写文章的话，需要我们花费更多的时间去唤起写作的冲动。教师日常工作较为烦琐，可能时间久了，一拖再拖，这篇文章就没了。开完课，我们尽量在两到三周内把文章初稿写出来，然后再耐心打磨初稿。

b.备课有深度，写作没难度。我们备课的时候，教学目标及备课指导理念要想清楚，这样方便我们后续将这节课变为文章。文章切入角度可从教学设计的亮点、教学重难点的突破方式等方面入手。此外，我们开课一般都是有主题的，若开课主题有学术意味，开课主题也会给我们的论文写作方向带来启发。

c.注重学习和借鉴。我们刚开始写文章可以从模仿开始，学习和借鉴别人的研究方法、写作思路和叙事方法等，然后消化吸收，在此基础上，写出自己的文章。以本文为例，作者先查阅与"一课一例""深度学习"相关的文献（理论吸收），收集同类论文的撰写角度和思路（借鉴），再确定自己的写作框架（产出）。巧妇难为无米之炊，我们日常必须积累一定的素材，这样写作的时候才有话可说。

【实例 2-27】

▲《指向核心素养的高中历史教学设计——以"罗马法的体系"为例》
写作思路

编辑说：课好文一半。我们一线教师写得最多的是教学论文。教学论
文常常是以一节课为例展开的，这节课是论文的主体部分。写好教
学论文的前提是，有一节好课。有一节好课，我们这篇文章就成了
一半。

Ⅰ 主题提炼：理论热点＋学科共性问题

Ⅱ 文章内容概述

　　为探索在高中课堂教学实践中落实历史学科核心素养，作者以
"罗马法的体系"一课为例，利用时间轴与地图梳理罗马建城以来的
历史，培养学生的时空意识；通过辨析《十二铜表法》名字的真伪培
养学生史料实证意识；将罗马法与中国古代、古巴比伦的法律相比
较，帮助学生构建历史解释；联系中国现代法治建设，促进学生树立
社会责任意识。

Ⅲ 文章结构：递进式结构

一、历史学科核心素养阐释

二、"罗马法的体系"教学分析

三、培育核心素养的实践路径

Ⅳ 写作思路分享

（1）写作起点：本文是作者在研究生课程作业的基础上写成的。当时研究生课程要求提交一份教学设计，作者选择了"罗马法的体系"一课进行备课。作者课下做了很长时间的准备，经过课上老师同学们的点评后，作者又做了进一步的修改和完善。修改后作者认为这节课的教学设计已经相对成熟，于是想以这节课为例写篇文章。

（2）构思过程

a. 主题提炼：把日常教学实践和政策／理论热点相联系，论文选题多多。有一个相对成熟的教学设计，再加之当时核心素养的概念刚提出不久（2017 年底高中新版课程标准发布，正式提出各学科核心素养，文章写作于 2018 年初），学界对学科核心素养的讨论十分热烈，因此作者想到可以写篇文章，以这节课为例，谈谈在教学中如何落实历史学科核心素养的培育。当然，这也是出于达到毕业要求的驱动（研究生毕业需要公开发表一篇文章）。

b. 内容转化：文章第一部分首先介绍理论基础（比如这篇文章就是介绍历史学科核心素养有哪些，具体内容是什么。这一部分重要的是阐释自己对某理论的理解，而不是简单罗列别人的观点）；文章第二部分接着谈自己是怎么做的以及这样做的原因（主要是与历史核心素养挂钩），重点突出教学设计亮点；文章最后一部分是从特殊到一般，根据这节课的具体教学设计提炼出普遍适用的培育学科核心素养的建议。

c. 理论支撑：历史学科核心素养及教学设计相关理论。

（3）写作心得

a. 好课是好文的基础。每篇好的教学设计再稍微加工一下都可以成为一篇论文。因为成熟的教学设计都由教师呕心沥血而成，这其中的工作量已经足够满足一篇期刊论文的要求。只要再稍微费些心思就能写很多的论文啦。因为即使是同一节课，我们也可以从不同的角度进行解读，每种分析解读都可以写一篇文章。

b. 思考自己文章的价值。我们写作文章不是为了写而写，我们要想清楚这篇文章对读者能有何启发。本篇文章不管是历史学科教学设计方面，还是文章写作手法方面对读者都有一定启发（其他学科如何落实和培育学科核心素养）。成文以后，可以再好好审视一下这篇文章，看这篇文章能给读者提供哪些新视角和新观点，这些观点、这些视角，不看这篇文章读者是否晓得。我们提出的观点、做法，甚至是遣词造句，要让读者看了有新鲜感。了解读者的所思所想所需，知道他们的话语体系，这样写出来的文章，才有生命力、有灵魂。

【实例 2-28】

▲《小学英语在线教学形成性评价应用策略探析》写作思路

编辑说：重视教研活动和学习国外理论。选题可从教研活动和国外理论得到启发。教研活动是我们每个教师必须参加的专业活动。教研活动中展示的课例和报告，与我们日常教学密切相关，有一定的引领性。有些国外教育理论有一定前瞻性，若与我们的日常教学相结合，形成的成果可具有一定的创新性。

Ⅰ 主题提炼：实践热点＋学科共性问题

Ⅱ 文章内容概述

　　针对小学英语在线教学存在的问题，作者提出以形成性评价为抓手，有效提升学生在线学习效果。结合实际案例，主要围绕听课表现、表达能力、书写态度、写作习惯、思维过程和合作意识等方面进行评价的设计与实施，来呈现有效的线上教学评价所具备的特征和策略，以期为提高教师在线教学效率和提升学生自主学习的能力提供启示与帮助。

Ⅲ 文章结构：并列式结构

　　一、建立可视化的形成性评价，提供适切性的指导

（一）关注学生的听课表现

（二）关注学生的表达能力

　　二、建立多元化的形成性评价，提供多维度的指导

（一）关注学生的书写态度

（二）关注学生的写作习惯

　　三、评价等第方式

　　四、建立阶梯式的形成性评价，提供渐进式的指导

（一）关注学生的思维过程

（二）关注学生的合作意识

Ⅳ 写作思路分享

　　（1）写作起点：2020年在线教学期间，作者发现在学生的听课

质量、作业练习、评价反馈等方面，和线下教学相比，只有百分之六七十的学生能够按照要求完成学习任务。教师和家长联系时，家长也常反映，白天在外工作，无法监督学生的居家学习情况。针对这一现象，如何调动学生的主观能动性，使学生能够自我约束、自我调整、自我管理成为作者需要研究的重点。之后作者尝试了一系列有效的做法，这些最终成为文章选题的方向。

（2）构思过程

a.主题提炼：为了解决在线教学遇到的现实问题，作者开始查阅评价方面的相关研究，了解到形成性评价能够对学生的学习全过程做持续的观察、记录、反思，能够为学生实现自主学习做好铺垫。因此，作者把研究的关键词确定为：形成性评价和在线教学。

b.内容转化：本文内容转化的关键是梳理各年级学生在小学英语在线学习中存在的典型问题，然后根据问题提出有针对性的对策，即对日常在线教学中的一些做法进行梳理。文章第一部分介绍一、二年级学生英语课在线学习存在的问题，根据具体的问题及一、二年级英语学习的重点，提出评价建议；第二部分根据三年级英语学习的重点，即三年级英语教学重点和学生存在的问题，提出评价建议；第三部分介绍评价方式，将平时上课用到的评价方式梳理归类，并结合具体的案例进行说明；第四部分介绍评价要点，结合四、五年级的案例进行说明。

c.理论支撑：形成性评价和自主学习相关理论。

（3）写作心得

a.重视教研活动和学习国内外理论。一线教师在日常的教研活动中常有机会聆听、观摩课堂评价的相关讲座和课例。通过参加小学英语教研活动，作者学习到有效评价相关理论。同时，在教研活动上，也看到很多典型的评价范例。此外，作者也常关注国外评价方面的相关研究，一些较好的案例，有意识地积累下来，并结合自己的实际教学情况，进行借鉴、修改与调整。

b.重视文章修改和打磨。对作者而言，修改五遍的论文才成形，用词、用字才能做到较为精准。作者写作感到困惑、想不清楚的时候，往往会停笔一周，多看看圈内专家们的论文，模仿他们的用词、论述方式，以读促写，以写促读。反复打磨后，再将较为满意的一稿请专家们审阅，他们也往往会给很多有益的建议。

【实例2-29】

▲《初中物理在线教学学习任务单的设计研究——以"测定小灯泡的电功率"为例》写作思路

编辑说： 教师日常教学中很多事情都是相通的，不同学科之间可以相互借鉴，做的不同事情之间也可以相互转化。例如，线下教学活动单设计，借鉴应用到在线教学。同时，注意要根据在线教学的特点，做适当调整，突出在线教学特征。在教学和写作时，我们要有转化、借鉴的意识。

Ⅰ 主题提炼：实践热点＋学科共性问题

Ⅱ 文章内容概述

为促进学生有效地进行在线学习，教师可以借助符合在线学习特点的"学习任务单"。以"测定小灯泡的电功率"为例，设计并实施在线学习任务单：任务单需要呈现清晰的学习指导来驱动学生自主学习；任务单的设计应以原有概念为起始来唤醒学生思维着力点；同时，应在紧扣学习重难点的基础上构建学习进阶支架；整合多元学习资源的任务单更能满足学生个性化需求。

Ⅲ 文章结构：递进式结构

> 一、问题缘起
>
> 二、初中物理在线教学中任务学习单的构成
>
> 三、学习任务单的设计路径
>
> （一）构建清晰的学习指导，驱动学生自主学习
>
> （二）以原有概念为起始，唤醒学生思维力点
>
> （三）紧扣学习重难点，构建学习进阶支架
>
> （四）整合多元学习资源，满足学生个性化需求
>
> 四、建议与启示

Ⅳ 写作思路分享

（1）写作起点：在平时教学过程中，作者每次课前会给学生一些学习任务单，帮助学生做好预习。2020年在线教学期间，作者根据存在的实际教学问题，将之前线下教学用的学习任务单，做了适当的调整和修改，又在教研活动上分享了自己设计在线教学学习任务单的一

些做法。之后作者再做系统梳理，形成了本文。

（2）构思过程

a. 主题提炼：2020年初学生居家在线学习，学习方式的骤然转变让学生陷入了"不知如何学"的窘境。由于客观条件的限制，当师生无法面对面互动时，学习任务单是学生顺利进行在线学习的重要辅助工具，相当于"纸教师"的角色。因此，作者将研究对象确定为在线学习方式中的学习任务单设计。

b. 内容转化：首先，梳理个人实践层面的素材。作者仔细研读了教材、教参、活动卡、已有的学习任务单（线下教学用过的学习任务单）等。在梳理了这些资料之后，作者对学习任务单的设计形成了初步的想法。其次，查找相关文献完善学习任务单，接着实践检验学习任务单，再进一步修改学习任务单。最后，撰写论文。经过一系列的实践和文献阅读，作者对学习任务单的设计有了比较清晰的想法，明确了设计在线学习任务单需要重点思考的几个方面。因此，在写作时，作者并没有要求面面俱到，而是选取了比较有特色的四个方面，即学习指导、预前学习、构建支架、学习资源。在撰写时，作者使用了一些简单的图示和表格，希望能够让读者迅速地理解自己的想法。

c. 理论支撑：学习任务单、在线教学等相关理论。

（3）写作心得

a. 文献查找要全面，避免有遗漏。在检索论文时，若仅用关键词"学习任务单"来查找论文，作者发现相关论文比想象中少很多。这种情况说明或许研究确实偏少，但也很有可能是其他研究者使用了其他的关键词。所以我们也要尝试对相近的词汇进行搜索，如"学习活动单""活动卡"等。

b. 提炼经验，增加文章深度。一线教师写文章容易仅停留在经验分享层面，缺乏提炼和应有深度。作者在这篇文章写作过程中，亦遇到了这个问题。初稿虽然形成了，但基本是个人经验总结，很多想法囿于固有的认识而缺少创新。为了寻求突破，作者首先在知网等数据库中搜集相关论文，这些论文主要有两种类型。一种是偏理论的，阐述学习任务单的设计理念。偏理论的文章尤其是较有影响力的学术专家所写的论文，往往能提供最新的理论指导，可启发我们思考如何把专家的理念落实到实践层面。另一种是偏实践性的，与作者的论文比较接近，以案例形式说明如何具体设计学习单。偏实践的文章为作者提供了操作层面的参考，比如，他们的设计有些部分非常好，作者可以根据实际情况进行借鉴。值得注意的是，这两类论文都非常重要，都对本文的写作和完善具有启发作用。

c. 抓住写作契机，向前再走一步。作为一线教师，要抓住开公开课、教研活动分享的机会。在这些活动中，我们有机会得到专家的专业指导。比如，有些问题是我们没有考虑到的，通过与大家的交流发现了问题，有助于后续深入思考。在上述做法的基础上，作者对初稿进行了多次修改，最终形成论文。

【实例2-30】

▲《语篇分析理论在高中英语阅读教学中的应用》写作思路

编辑说：写作有技巧，一回生二回熟（这篇文章是作者的处女作，初稿较为稚嫩。作者第二篇文章就好很多，略做修改就发表了）。行文详略得当，有读者意识。看读者关心的是什么，文中是否有呈现，观点是否表达清楚，读者能不能明白。

Ⅰ 主题提炼：理论热点 + 学科特色问题

Ⅱ 文章内容概述

　　本文根据语篇分析理论，以牛津高中英语教材上的一篇阅读文章为例，从语场、语旨、语式三个层面展开分析。并据此设计了一份完整的阅读课教案，以学生的认知为出发点，旨在帮助学生理解新闻报道这一体裁的结构特点，引导学生分析篇章里明确提出和深刻隐含的社会事实。最终使学生理解语篇的表层和深层含义，并对语篇进行评价。

Ⅲ 文章结构：递进式结构

一、语篇分析的含义

二、语篇分析理论的应用

（一）语篇分析

（二）教学过程

三、对英语阅读教学的启示

（一）教师应引导学生关注文章逻辑框架

（二）教学中关注文章衔接

（三）挖掘文章的隐含要素

Ⅳ 写作思路分享

（1）写作起点：这篇论文的素材源于作者之前开设的一节课外阅读课，开课内容是一部畅销小说。当时课堂效果不错，听课教师也给出了一些中肯建议。根据这些建议，作者对教学设计做了进一步完善，自认为这份教学设计已经比较成熟。所以想把这节课整理成文，尝试发表。

（2）构思过程

a.主题提炼：作者把这节公开课的前期准备工作整理了一下，重点关注备课思路和课堂活动设计两个方面。通过梳理，作者总结出"语篇分析""阅读教学"两个核心概念，从而确定了论文主题。

b.内容转化：文章第一部分是理论阐释，即作者对备课时查阅的语篇分析相关文献做梳理。该部分不能全是文献综述，或者简单罗列别人的观点，要在总结他人理论的基础上提炼出自己的观点。文章第二部分是结合理论分析和阐释教学实践，即提炼后的教学设计，这一部分是论文的核心部分。值得注意的是，论文中对教学实践的阐述不能局限于课堂环节的机械描述，而是要紧扣第一部分的理论，进行详细的阐述，无关的一笔带过，这样有利于突出重点，同时也增强了文章内容的连贯性。文章第三部分是启发建议，这也是很重要的一部分，因为读者仅仅了解一次教学实践，无法深入理解作者的写作目的，也不一定能将其运用到自己的教学实践中，因此需要作者总结规律和提出具体的教学建议。

c.理论支撑：语篇分析和阅读教学相关理论。作者在中国知网输入了"语篇分析""阅读教学"这两个关键词，挑选了一些比较权威的论文仔细阅读，梳理这两个基本概念的含义以及彼此之间的关系。这是论文的理论基础。

（3）写作心得

a.同伴互助，专家引领。论文需要不断打磨和完善。我们可以寻求同行与专家的指导和帮助，他们可以帮助我们找到新的写作切入点和提升文章高度。如果能有经常发表论文的教师帮助指导是最好的，他们往往可以指出我们发现不了的问题，并能结合我们存在的具体问题给出建设性很强的建议。还可以请同事看自己的文章，同学科或者不同学科的同事，都可以。他们也能给我们不同的启发。

b.转换立场，自评文章。论文写作过程中，我们可以换位思考一下，站在读者的角度去评价自己的文章：读者对文章内容是否感兴趣，哪些是他们想看到的，读者是否能了解我们的写作目的，文中提出的建议是否能够被借鉴到他们的日常教学实践中。

【实例2-31】

▲《基于学习经验获得的整本书阅读——以〈西游记〉为例》写作思路

编辑说：家常课天天有，论文写作选题源源不断。我们的家常课经过系统化提炼也具备变为论文的条件。通过写作使家常课不再平常。一线教师写作选题来源于教学实践，反过来通过研究促进日常教学。

Ⅰ　主题提炼：理论热点＋学科特色问题

Ⅱ 文章内容概述

整本书阅读是学生获得阅读能力的重要途径，本文以《西游记》整本书阅读教学实践为例，阐释整本书阅读教学。教师通过整本书阅读方法的指导，提供了具体内容、方法和动机层面的支撑，将语文学习置于真实场域中。

Ⅲ 文章结构：综合式结构

> 一、在读书中获得学习经验
>
> 二、在整本书阅读中发展阅读技能
>
> （一）在整本书阅读中进行方法指导
>
> （二）在整本书阅读中塑造思维模式
>
> 三、整本书阅读经验的多样化
>
> （一）在认知差异中深化阅读
>
> （二）在合作中体验读书之趣
>
> 四、总结

Ⅳ 写作思路分享

（1）写作起点：上海六年级统编语文教材要求学生读《西游记》。为了让学生的阅读更有效率，将读书变成实实在在的事情，作者设计了从开始到结束一整套的阅读任务，学生也经常会和教师分享自己的阅读感受。因为有了这样的日常教学实践，所以作者对整本书阅读设计有了一定认识和实践经验积累，形成了写作基础。

（2）构思过程

a. 主题提炼：在设计整本书阅读任务时，作者正在看《课程与教学基本原理》这本书。该书强调从课程目标、课程内容、课程实施和课程评价等角度设计课程。于是，作者借用这个理论框架观照正在实施的整本书阅读计划。原来分散的任务有了具体的理论支撑，可以串联起来。因为有了具体的理论作为依据，作者认识到平时做的"摘抄和感悟""专题讲座"等具体学习任务，都是为了帮助学生深入理解书的内容，提升阅读经验。当有了完整的概念框架后，作者从实际的教学经验出发，提炼出学生学习的重点在于学习经验的获得。

b. 内容转化：该文的关键在于将日常教学实践经验和理论对接起来。论文主题确定后，作者寻找与"学习经验"相关的文章，从中提取分析这些任务背后的概念，然后尝试把自己平时对整本书阅读的思考内容汇总起来，然后按照"学习经验"的内涵给这些内容划分逻辑层次（文章第一部分）。从教学实际出发，提炼出学生学习的重点在于学习经验的获得，把整本书阅读和学习经验的获得结合起来（文章第二部分和第三部分）。在整个经验提炼的过程中，作者关注学生阅读的认知层次，根据这些认知过程设计具体的课程内容，进而形成组织材料的内在逻辑（文章最后一部分）。

c. 理论支撑：整本书阅读、课程开发和学习经验等相关理论。

（3）写作心得

a. 写作有助于日常教学经验提炼。通过论文写作，作者从关注常规的活动任务设计，走向对任务效能的思考。我们平时教学的很多活动都是比较有价值的，但因为缺乏整体构思，所以很多任务活动没有形成集束效应。通过论文写作，把日常做的不少事情都串起来了，能够将日常零散的教学经验，从理论的视角进行梳理，使之系统化。这帮助我们既提高了教学效率，又提高了个人理论水平。

b. 写作提升个人科研水平和教学效果。以前作者也经常写一些教学反思，但大多是个人经验感悟。从课程的角度思考整本书阅读教学的时候，作者就不得不寻找合适的框架组织材料，建构观点，形成比较理性的思考。通过这次论文写作，作者也开始学会从某个具体的视角审视既有的学习经验。对于有价值的教学经验，作者不再是简单分享做法，而是从现象中寻找其有此成效的原因，探究某些更深层的教学规律。对于整本书阅读，作者一开始觉得只要让学生读读就好。但是当看到学生在班级和年级层面分享自己的读书经验的时候，作者发现在任务驱动下，学生能够更深入地阅读整本书，形成自己的独特认识。这就提醒作者要关注学生的语文学习实践活动，重视学生的自主学习，从而提升教学水平。

【实例2-32】

▲《单元视角下高中英语说明文专题教学设计》写作思路

编辑说：有时候，在写一篇文章的同时，也孕育着下一个写作选题。我们在写文章的过程中，会有很多思维的火花迸发。一篇文章容量有限，我们在一篇文章里探讨不完的内容，可留着在另外一篇文章里再探讨。

Ⅰ 主题提炼：实践热点＋学科特色问题

Ⅱ 文章内容概述

在单元视角下对高中英语说明文教学进行整体思考。通过剖析当前说明文教学存在的问题，提出解决问题的策略。梳理高中说明文语篇，统整为单元教学说明文专题，分析高中阶段说明文学习内容与要求，逐步落实，合理规划学习起点与阶段性终点。通过短作业和长作业，在螺旋上升的动态学习中达成说明文教学目标。

Ⅲ 文章结构：递进式结构

一、问题的提出

二、统整教材内容

（一）体现课标理念

（二）回应学生需求

三、说明文专题教学方案内容

（一）方案的要求解析

（二）方案的设计

（三）方案实施启示

Ⅳ 写作思路分享

（1）写作起点：2018 年 9 月，在"上海课改 30 年"中学英语专场展示活动上，作者所在团队展示了语篇单元（说明文专题）教学设计案例，呈现了《英语》（牛津上海版）教材的说明文编排顺序，并以课堂教学设计与作业设计为主线，体现了单元整体教学设计的教研路径与方法。作者的设计得到了专家们的肯定。作者受到鼓舞，决心梳理实践和展示内容，形成文章。

（2）构思过程

a. 主题提炼：对单元教学实践的研究基于《普通高中英语课程标准（2017 年版）》（以下简称《2017 版课标》）的要求，也源于学生的真实需求。《2017 版课标》明确提出，单元是承载主题意义的基本单位，单元教学目标是总体目标的有机组成部分。教师要认真分析单元教学内容，梳理并概括与主题相关的语言知识、文化知识、语言技能和学习策略，并根据学生的实际水平和学习需求，确定教学重点，统筹安排教学，在教学活动中拓展主题意义。作者在实际教学中发现，学生在高中阶段要接触大量的说明文。这些文章有贴近日常生活的，也有关于科技前沿的。但是，学生对说明文语篇学习缺乏整体理解和统筹管理的能力，在高中三年的学习中缺乏对同一类型语篇归纳和深入分析的习惯。作者带领组内教师形成团队，尝试建构以说明文作为专题的语篇单元，在实践中寻找新的教学途径。

b. 内容转化：把日常教学实践经验提炼成文章并非易事。文章需要大量的内容支撑，既有理论的深度，又来自实践的经验总结。首先，作者进一步学习《2017 版课标》中关于单元教学和语篇知识的具体内容与实施建议，把握总体方向，明确文章定位。随后，作者整理教学实践过程中的材料，从中提炼出值得与一线教师（读者）分享的内容，发现尚待改进之处，希望得到更多人的帮助与指点。最后在专家的辅导下逐步完成文章的撰写工作。一稿、二稿、三稿，在不断磨稿的过程中，作者不仅对自己的做法有了更深刻的理解，也找到了最为恰当的方式呈现内容。这背后有对文章结构的思考，对叙事方式的权衡，也有观点表达的构思。经过反复捶打，文章"终见天日"。

c. 理论支撑:《2017 版课标》中出现的新提法、单元教学和作业设计等。

（3）写作心得

a. 选题源于教学，研究改进教学。一线教师做研究，首先找到教学中存在的问题，明确学生的真实需求，这样选题就有了坚实的现实基础。我们找准研究切入点，就会有源源不断的新选题出现。作者在实施中又发现新的问题，纵向的单元规划虽合理，但是学生的学习状态不稳定，对学生学习的持续跟踪也比较困难。作者尝试利用学习档案袋记录学生单元学习经历，并通过反复实践与文献研究形成又一篇展现个人对单元教学思考的文章《运用档案袋记录单元学习经历——以语篇单元说明文专题教学为例》(《上海课程教学研究》2020 年第 10 期刊出)。

b. 重视课标和文献研读。课标是我们教学的根本遵循，同样，课标也是我们写作的立论依据。我们一定要熟读课标，吃透课标。熟悉课标中的观点，这样再遇到实际的教学问题，我们就知道该如何分析，能找到问题与理论之间的连接点，具体的教学经验不再是简单的教学经验。我们分析教学经验有了理论支撑，文章写作有深度。2017 版的高中课程标准中，各个学科都有很多新的提法，这些我们要重点关注，这是我们写作很好的切入点。

c.一线教师做研究可以先实践再提炼。我们一线教师做研究是要有助于我们日常教学的，所以我们可先在教学中进行实践。当实践经验积累到一定程度，我们再静下心来慢慢总结，这是一个沉淀的过程，也是对自己的教学思考最佳的整理过程。等有了一定的实践积累，再写文章。这样文章内容更充实，言之有物，不然会流于表面，泛泛而谈。

【实例2-33】

▲《生命观念导向下的初中生命科学实验教学实践》写作思路

编辑说：研究、写作过程是漫长的。我们要认真对待教学方面的事情，在一定机缘下，这些事情可再向前推一步，形成新的成果。平常心态对待写作，写论文没有我们想象的那么简单，也没有我们想象的那么高不可攀。

Ⅰ　主题提炼：实践热点＋学科特色问题

Ⅱ　文章内容概述

生命观念是独具生命科学学科特点的核心素养，以"酒精对水蚤心率的影响"实验教学为例，立足生命观念，以具体、可操作的教学目标为实践靶向，整体优化教学设计；融入生命观念，从任务分解、自主推理和情境创设三个路径培育生命观、生态观和健康观，全面改进教学活动过程。教学实践表明：生命观念导向下的初中生命科学实验教学真正让学生成为学习的主角，在积极探索生命物体的本质和内涵的学习过程中，发展学科核心素养，体现学科育人价值。

Ⅲ 文章结构：并列式结构

一、立足生命观念，优化教学设计

二、改进教学过程，融入生命观念

（一）任务分解，培育生命观

（二）自主推理，发展生态观

（三）情境设问，形成健康观

三、发展生命观念，反思育人价值

（一）整体把握生命观念，统领教学设计

（二）注重情境创设与应用，利用自主学习模式进行积极主导

（三）重视学生的反思深化，适当进行显化处理

Ⅳ 写作思路分享

（1）写作起点：2016 年，作者参加上海市实验课教学设计大赛，当时设计了"酒精对水蚤心率的影响"实验教学。2019 年，作者参加科研学习班，有了该文写作的契机。当时科研班导师带领学员聚焦学科育人价值这个主题来研究各自任教的学科。因此，这个教学案例就"蹦到"了作者的眼前，是时候对这个问题进行深入的研究了，于是作者开始写作。

（2）构思过程

a. 主题提炼：因为课例是参赛作品，前期作者已经对本课时的内容、目标、价值与意义有了深入的研究和理解。经过多次试教，已经形成了较完善的教学设计，也呈现了较为明显的案例特点：生命价值

观念在动物类实验教学中对学生的引导尤其重要。通过对教材和课标的深入研究，将本实验的教学目标确定为培育学生的生命观念。从学科育人价值的方向进行了文献查阅和资料查找，将生命观念细分为三个方面：生命观、生态观和健康观。于是，此文聚焦学科核心素养的生命观念培育。

b. 内容转化：文章主要结构按照备课、课堂实施和教学反思三个部分展开。第一部分详细阐释了生命观念的含义及对应生命观、生态观和健康观的教学环节设计，即备课指导理论和教学设计主干部分；第二部分详细分析了对应生命观、生态观和健康观的教学环节设计，并分析相关教学设计意图；第三部分反思总结，以点带面，概括出一般性的教学规律。

c. 理论支撑：核心素养、实验教学和学习活动设计等相关理论。

（3）写作心得

a. 立足日常教学，研究有生命力。选题来源于实际的课堂教学，且对教学有深入的研究，这样的文章才能展现教师对教学的理解和创新。如果文中涉及的案例只是教学设计，没有经过深入思考和研究，对这节课不可能有深入的见解。这样写出来的文章，平淡无味，没有创新之处。此外，教学实践和理论研究是密不可分的两个重要方面，不仅是写文章需要，而且对教师专业素养发展而言也是必不可少的。一线教师既要有深厚的教学功底，也要有较高的理论水平。

b. 日积月累，厚积薄发。研究过程是漫长的，其间，会经历无数次自我怀疑和想要放弃；也会经历百思不得其解之后，豁然开朗的欣喜。此文写作前前后后持续数年。功不唐捐，静待花开！只要我们做教学中的有心人，在某个契机下，就会把我们日常做的事情串联起来，给予自己回馈。

2. 课例分析

课例分析是指研究者将一节课（或若干节课）进行切片，重点对课的某个环节（课堂导入、新课讲授、课堂小结等）或者某个方面（师生互动、课堂提问、学习活动等），进行分析和阐释。可借助已有的理论框架来分析这节课有何特点、特色，有何效果。用一线教师的话来说，课例分析是从评课的角度来写文章。

【实例 2-34】

▲《品德与社会课堂提问解析——以"树立良好形象，让世界热爱中国"为例》写作思路

编辑说：经典选题恒久。一些经典选题有穿越时空的魅力，让读者常看常新。我们做研究不能盲目地追逐所谓的热点，热点一个接着一个，我们应付不完的。我们关注热点，但不能让它牵着鼻子走。

Ⅰ 主题提炼：理论热点 + 学科共性问题

Ⅱ 文章内容概述

"树立良好形象，让世界热爱中国"一课的课堂提问独具特色，故以此为例，借助已有的理论框架，分析和阐释本节课课堂提问的问题类型及课堂提问顺序。结果发现：小学品德与社会课堂提问问题类

型丰富，能够充分培养学生的思维能力；提问顺序安排得巧妙，有助于教学目标的达成。同时提出优化课堂提问顺序和课堂提问问题类型的建议，以期为品德与社会课堂提问设计提供借鉴和参考。

Ⅲ 文章结构：综合式结构

一、教学设计思路

二、课堂提问问题类型分析

三、课堂提问顺序分析

四、结论与建议

（一）丰富课堂提问问题类型，促进学生思维水平发展

（二）巧妙设计课堂提问顺序，促进教学目标的达成

Ⅳ 写作思路分享

（1）写作起点：这篇文章的完成经历了三个阶段：一是整理课堂实录环节。读研期间，作者做了一节课的课堂实录。当时没有转录工具，全靠人工，一字一句听，然后记录下来。有些师生对话听不太清楚，需要反复地听，转录这节课花费了很多时间和精力。所以作者对这节课印象特别深刻。二是课例分析初步完成阶段。课堂实录完成大半年之后研究生有门课需要提交一份期末作业，做一个课例分析，所以作者就以这节课为基础完成了期末作业。三是论文写作阶段。经过前两个阶段，作者对这节课的特色认识更加全面，同时，也找到了分析的理论框架。所以在课程作业的基础上，作者又做进一步修改和完善，使它变成一篇论文。

（2）构思过程

a.主题提炼：当时课程作业要交一个课例分析报告。根据作业要求，作者重新审视这节课，看可以从哪个角度来切入分析。一边发现、归纳这节课的特点，一边继续查阅文献资料，寻找分析角度和理论框架。随着查阅资料的增多，查找资料的方向也更加明确了，框架越来越明晰。在做课堂实录和查阅资料的基础上，作者发现"树立良好形象，让世界热爱中国"这节课的课堂提问很有特点。课堂提问是基础教育阶段任何学科都回避不了的话题，对所有学科都非常重要。基于以上考虑，作者确定研究课堂提问，所以这篇文章从课堂提问的角度切入。课堂提问是一个较为笼统的话题，通过查阅文献，最终把课堂提问细化为两个方面：一是课堂提问类型；二是课堂提问顺序。

b.内容转化：文章第一部分介绍教学设计整体思路，简要介绍这节课各个主要环节的关键设计；第二部分介绍课堂提问问题类型框架，然后用该框架分析本节课中教师提出的问题；第三部分介绍课堂提问顺序框架，然后用该框架来分析本节课的提问顺序；第四部分反思总结，紧扣文章第二部分和第三部分，从课堂提问问题类型和课堂提问顺序两方面提出具体教学建议。

c.理论支撑：课例研究、课堂提问研究和思维培养等相关理论。

（3）写作心得

a.论文写作不是一蹴而就的。文章写作没有我们想象的那么难，也没别人说的那么简单。想要有好文章，我们要做有心人，多积累，积累好课，积累理论。首先找到一节经典的课。自己的课或者是别人的课都可以。这提示我们要开阔思路，不要只盯着自己的课堂。同时也提醒我们，教师要立足课堂，上好课，这是文章写作的基础。

b.课例分析有技巧。课例分析的难点在于找到恰当的分析角度和合适的框架。能解决学科关键问题，要么对教师的教有启发，要么有助于学生的学。做课堂实录，审视这节课，找亮点，这也可以帮助我们找到切入点。我们不要嫌麻烦，做课堂实录也是所有课例分析的第一步。做课堂实录有助于加深对这节课的认识、发现这节课的特点。查阅文献资料，寻找理论框架；看书、查资料、看课交叉进行，最终确定分析框架。

c.深耕一个领域，熟悉本学科。对本学科、某个具体研究领域要有一定了解和掌握。我和很多优秀的教师做过交流，发现他们说起本学科或者某个研究领域都是如数家珍，有说不完的话。巧妇难为无米之炊。我们想要写好文章，没有捷径可走，必须下功夫，做一定的积累，不然寸步难行。

【实例2-35】

▲《高中历史课堂提问中的伪开放问题》写作思路

编辑说：一个选题的成功离不开多方面的条件。首先，需要对选题感兴趣。兴趣是最好的老师。做研究的过程是孤独、寂寞、枯燥无味的，需要为爱发电。如果对于所做选题不是发自内心地喜欢，很难坚持下去。其次，需要学习方法和积累素材。论文写作没有捷径，但有方法可学。熟悉课堂，积累实践素材。了解理论，提升分析水平。

Ⅰ 主题提炼：理论热点＋学科共性问题

Ⅱ 文章内容概述

为了解高中历史课堂批判性思维教学现状，以两节高中历史课堂实录中的师生问答为例，揭示了目前课堂中存在的伪开放问题类型：漏斗型问题、诱导型问题和期待型问题。究其原因是教师总是期待学生回答自己预设的答案，使得这些问题都变成了"伪开放问题"，从而丢失了这些好问题应有的思维教学价值。接着对教师课堂提问提出了建议，最后表达了对批判性思维教学的热切期盼。

Ⅲ 文章结构：递进式结构

一、伪开放问题的类型

（一）漏斗型问题

（二）诱导型问题

（三）期待型问题

二、改进课堂提问的建议

三、对未来历史课堂的展望

Ⅳ 写作思路分享

（1）写作起点：本文源于作者对已有素材的充分挖掘。作者硕士毕业论文做的是高中历史批判性思维培养方面的研究，当时为了写毕业论文，作者编制问卷调查了58名高中历史教师对批判性思维倾向的认知与教学情况，以及教学环境现状；并对其中4名教师进行了课堂观察与访谈，深入研究教师对批判性思维倾向的认识与教学情况。

写毕业论文期间积累了丰富的研究素材。作者毕业后根据前期的积累，再加之对教学实践的深入体验，以此为基础开始写作本文。

（2）构思过程

a. 主题提炼：作者是先有感兴趣的研究领域，然后再通过文献研究确定了选题。作者一直以来都对批判性思维方面的研究感兴趣，对历史学科也感兴趣，再加上批判性思维培养是符合《普通高中历史课程标准（2017年版）》要求的。通过文献梳理，作者发现当时基于实证的批判性思维教学研究非常少，大多数文章只是从实践的视角切入谈个人经验。作者选择高中历史学科，从实证的角度研究该选题。

b. 内容转化：研究主题和研究方法确定后，作者开始整理了几份课堂实录，通过质性分析，得到一些共同的问题，伪开放问题就是其中一个典型问题。通过分析课堂实录中的师生问答环节，作者概括出伪开放问题的三种类型：漏斗型问题、诱导型问题和期待型问题。文章第一部分分析和阐释每种伪开放性问题的定义，并结合具体的课堂实录进行分析、阐述；第二部分根据第一部分得出的结论，提出了改进课堂教学的建议；第三部分在前两部分的基础上，提出关于批判性思维领域研究的未来展望。

c. 理论支撑：批判性思维、实证研究和课堂分析等相关理论。

（3）写作心得

a. 兴趣是最好的老师。做研究不总是那么轻松愉悦的，它能给你带来快乐，但往往也让人备感"折磨"。所以我们必须找到一个发自内心喜欢的话题来做研究，这样才能对抗漫漫研究旅途的煎熬。我们找到感兴趣的、觉得有价值的话题，随后进行文献检索、阅读，看看前人做了哪些研究、做得怎么样，然后在前人研究的基础上形成自己的研究选题。

b.掌握常用的研究方法。我们无论是写论文还是做课题，都离不了研究方法的支撑。每种研究方法都有特定的适用范围、适用条件，专业性较强，需要我们专门学习。研究方法是工具，没有"工具"，研究基础不牢，行之不远。

【实例2-36】

▲《高中生语块能力对听力理解影响的实证研究》写作思路

编辑说：论文写作、发表无小事，各个环节我们都需要留意。论文写作需要关注的细节多。文章写好之后要重视修改，论文投稿有技巧。每个环节的功夫到位，写作发表不是梦。

Ⅰ 主题提炼：理论热点＋学科特色问题

Ⅱ 文章内容概述

本研究以语块能力为自变量，听力成绩为因变量，基于语块实验教学，通过实证研究表明：语块水平高的学生听力成绩显著高于语块水平低的学生；语块能力和听力成绩呈显著正相关，语块能力对听力成绩有显著影响。该文以语块理论为切入口，采用实证研究范式，对语块能力在听力成绩中的影响因素进行分析，并给出听力教学实验模式，以期给中学听力教与学一些启示。

Ⅲ　文章结构：综合式结构

Ⅳ　写作思路分享

（1）写作起点：作者在读研期间，对语块、搭配、短语、程式语相关理论很感兴趣，对语块理论尤为信服，深信语块的整体习得、存

教师如何
写论文

储有利于语言的解码及编码，可提高语言输入输出过程的效率及准确性。读研期间对语块理论埋下了好奇的种子，想着有机会一定在教学中尝试一番。工作之后，作者在日常教学中以语块理论为指导，将以往的"单词听写"转为"词块听写"，观察并检测学生的词块掌握情况，并取得了一定的成效。有了实践成果，作者决定写篇文章再做进一步的梳理。

（2）构思过程

a. 主题提炼：作者日常教学有明确的理论指导——以语块理论指导听力教学，通过实验研究验证学生的听力是否有提高，基于此，该文的研究视角确定。

b. 内容转化：该文采用的研究方法是实验研究，所以文章结构是按照实验研究的过程来安排的。写作过程概括起来就是：理论文献阅读→语块实验教学→验证教学效果。理论应用于实践，作者尝试将语块理论融入听力教学的实践中，也相应地收集了学生的听力测试成绩，用以验证语块对听力理解的影响。文献的阅读形成理论基础，作者要带着理论进入课堂教学，在教学实践中注意保留教学相关的数据，最终用客观数据来验证自己的教学效果。

c. 理论支撑：语块理论、听力教学和实验研究相关理论。

（3）写作心得

a. 实证研究周期长，要有充分的心理准备。写作过程涉及阅读文献、收集数据、处理数据、设计实验教学等环节。整个研究周期短至一学期，长则一学年，所以完成一篇规范的实证研究文章耗时较长。

这需要作者做好心理准备，并耐心地进行实验教学。

b.重视文章修改。论文初稿成形只是走出了万里长征第一步，之后还须好好打磨。论文的雏形产出后，接下来就要对文章结构和内容进行修改，语言方面要检查语句是否通顺、用词是否准确、有没有错别字，等等；格式方面要检查摘要是否规范，图表、参考文献格式是否正确，等等。作者先自行阅读、修改三次以上，至少要自己满意后再投稿。

【实例2-37】

▲《HPM课例研究对教师MKT的影响——以"有理数乘法"为例》
写作思路

编辑说：同一个课例，不同的人可以从不同的角度进行解读，形成不同的成果。本文作者做的是实证研究。文中提到的八位教师可从教学实践的角度出发，以最后一稿教学设计为例，写HPM（教学史与数学教育）教学案例方面的文章。文章也可以呈现三版教学设计的对比、改进，分析原因和阐述价值及意义。

I 主题提炼：理论热点＋学科共性问题

II 文章内容概述

本文以HPM视角下"有理数乘法"的课例研究为载体，通过分析HPM工作室八位在职教师课例研究过程中的三版教学设计、两份反思和调查问卷发现，HPM课例研究可以促进工作室内参与课例研究的所有在职教师的专业发展，课例研究的四个不同环节对教师MKT

（数学教学内容知识）各部分的影响不同，且证实了研讨是课例研究的核心环节，异质人员参与课例研讨可以深化、拓展教师 MKT 的改变。

Ⅲ 文章结构：递进式结构

一、引言

二、MKT 与 HPM 联系的研究

三、研究设计

（一）研究对象

（二）HPM 课例研究流程

（三）数据收集

四、研究结果

（一）三版教学设计的比较

（二）教师 MKT 变化分析

五、结论与启示

Ⅳ 写作思路分享

（1）写作起点：这篇文章的写作基础是由作者在读博期间所做研究打下的。当时，HPM 工作室刚开始运行，作者负责初中学段的工作。在此之前，作者和导师团队的小伙伴们已经和一线教师合作了多个 HPM 课例，发现数学史对深度参与课例研究的教师会有一定的影响，但影响仅仅局限于上课的教师，而对其他参与前期研讨、后续观课的教师有怎样的影响并不是很清楚。正巧工作室开始运行，所以基于要做的课例——有理数乘法法则，和已有的 MKT 框架设计了研究，考察 HPM 课例研究对教师 MKT 的影响，特别是对除上课教师以外的其他只是参与研讨和观课的教师的影响。

（2）构思过程

a. 主题提炼：这篇文章围绕三块内容展开，包括 HPM 课例研究、MKT 和有理数乘法法则的教学。有理数乘法法则的教学是研究的载体，之所以选择这个内容的教学进行研究，是因为对于法则类的教学，教师常常会在教学中忽略向学生解释法则的合理性，而偏重训练学生计算的熟练程度。HPM 课例研究的流程是本研究的基石，利用 HPM 课例研究的流程，作者收集所需要的数据。MKT 是该项研究的理论基础，用于分析参与课例研究的教师在课例研究前后的改变，HPM 课例研究对其的具体影响。基于此，作者将这篇文章的题目定为：《HPM 课例研究对教师 MKT 的影响——以"有理数乘法"为例》。

b. 内容转化：这篇文章是由一项实证研究转化而来，所以，在落笔成文之前，首先需要对研究进行合理的设计，先设定恰当的研究问题，寻找合适的研究方法，基于适切的研究流程展开研究，并收集所需要的数据；然后，对所收集的数据进行初步整理，如果证据是文本类的，可以用文本分析法进行整理，如果是量化的数据，需要借助统计软件进行数据处理，本研究中的数据都是文本类的，所以采用文本分析法进行处理；然后撰写论文。论文介绍了做这个研究的背景和必要性，有关 MKT 分析框架的已有研究综述等，在论文的研究方法部分，作者详细介绍了本研究的研究对象、研究流程和数据来源，展示了数据分析的结果和本研究的结论。

c.理论支撑：该项研究的理论主要包括两块，一是 HPM 课例研究的流程，二是 MKT，评价教师参与课例研究前后变化的理论框架。

（3）写作心得

a.寻找合作伙伴，互利共赢。高校研究者和一线教师合作研究，相互启发、促进。高校研究者与一线教师各有优势。一线教师有丰富的教学经验，但相对缺乏对教育理论、教育研究方法的了解。很多一线教师根据日常教学实践能够敏锐捕捉到需要研究的问题，但由于缺乏教育理论、教育研究方法的支撑，往往不知如何进行合理的规划，结合自己的日常教学进行研究。高校研究者有扎实的教学理论知识，对教学研究的方法相对比较了解，正好可以弥补这一不足。所以可建立一线教师与高校研究者的共同体，各自发挥所长，针对教学中的问题展开研究，合作共赢。

b.挑选适切的研究方法。同样的研究内容，选择不同的研究方法，则会得到不同的成果。本研究采用实证研究。依托 HPM 课例研究的流程，在课例研究的过程中，收集了教师不同阶段的三版教学设计、两份教学反思作为本研究的研究数据，基于所收集的数据进行分析，得出效度、信度较高的研究结论，最终成文。提供教学设计的教师可从实践的角度来写文章，通过一节课说明，如何根据 HPM 相关理论进行教学设计。在确定研究问题后，根据研究问题，需要寻找合适的研究方法，设计恰当的研究流程展开研究，得到不同的写作思路。

【实例 2-38】

▲《基于社会性科学议题的单元教学设计——以"抗生素耐药性"为例》写作思路

编辑说：文章具有创新性，说起来容易，做起来难。其实，写论文也是有章可循的。不同学科相互借鉴、同一个选题从不同角度切入。有关单元教学的文章很多，但这个案例将单元教学和社会性科学议题结合起来，这是新颖之处；其他人写自己设计的案例，这个案例是借鉴国外的教学案例，这又是创新之处。

Ⅰ　主题提炼：理论热点＋学科共性问题

Ⅱ　文章内容概述

　　文章探讨近年来国外科学教育领域围绕"社会性科学议题"展开的单元教学设计案例。深入分析以社会性科学议题为核心的单元教学设计对实现科学学科核心素养培养的重要意义，并在此基础上为我国科学学科单元教学设计提供了相应的建议：基于科学大概念，选择与学生日常相关的社会性科学议题；融合媒介素养教育，培养学生的科学"消费"能力；协同科学实践与科学概念，助力科学大概念的理解与迁移。

Ⅲ　文章结构：递进式结构

一、以大概念为核心的单元教学设计

二、基于社会性科学议题的科学单元教学设计与实施

（一）社会性科学议题的选择——抗生素耐药性

（二）单元学习目标的确定

（三）基于社会性科学议题的单元教学流程

三、对我国科学学科单元教学设计的启示

（一）基于科学大概念，选择与学生日常相关的社会性科学议题

（二）融合媒介素养教育，培养学生的科学"消费"能力

（三）协同科学实践与科学概念，助力科学大概念的理解与迁移

Ⅳ 写作思路分享

（1）写作起点：研究生学习阶段，在导师的指导下，作者一直十分关注国际科学教育中的"社会性科学议题"教学，而议题式教学以培养日常生活中"用得上"的科学素养为目标。近几年来，国内关于学科核心素养的讨论也是层出不穷。2018年1月份，教育部发布的《普通高中课程方案和语文等各学科课程标准（2017年版）》中，在与科学相关的生物、物理、化学等学科中，都明确强调学生通过科学的学习，能够认识并解释日常生活中的自然现象，解决实际问题，参与科学实践活动等，这些都与国际科学教育中围绕"社会性科学议题"展开教学的目标相契合。这一学科课程标准真正将学科核心素养从学术讨论落实到顶层的课程设计，但对广大中小学教师来说，却缺乏相对具体的教学设计案例。基于上述考量，作者尝试以自己一直关注的"社会性科学议题"教学为突破口，展开论文写作。

（2）构思过程

a. 主题提炼：厘清文中涉及的核心概念（学科核心素养、大单元

教学、议题式教学、大概念）及它们之间的逻辑关系。首先，作者开始查找学科核心素养如何"落地"的相关理论研究，通过阅读中文文献发现，以"大概念"为核心的单元教学设计是学者们强调的重要突破口。而"大单元"也同样是议题式教学的重要特征之一。因此，"大单元教学设计"也就顺理成章地成为论文写作的一个主要基点。接着，作者继续查阅"大概念"的相关文献，了解"大概念"的起源，"大概念"与学科基本要素的关系，最后着重论述基于"大概念"的单元教学与"社会性科学议题"教学的共通之处：跨学科性、日常生活性，并以此作为本文的理论基础。

b. 内容转化：作者从《普通高中生物课程标准（2017 年版）》中查找对应的"大概念"，其中，将探讨"耐药菌的出现和抗生素的滥用"作为重要的教学活动提出来。结合以往所阅读的英文文献，作者发现美国密苏里大学帕特里夏·弗里德里克森（Patricia J. Friedrichsen）团队也将这一议题作为重要的教学内容，并进行了相应的单元教学设计。通过梳理，整合该团队的研究内容，并结合国内教学实际情况，将他们基于社会性科学议题的单元设计呈现为三个部分：议题的选择、学习目标的设定、具体的教学流程和步骤。考虑到本文的目标读者可能更多是一线教师，于是作者将具体的教学过程详细展开介绍。通过介绍国际有关社会性科学议题的单元教学设计过程，总结出相应的教学启示，力图为基于学科核心素养的单元教学设计提供新的可能与思路。

c. 理论支撑：社会性科学议题、大概念、单元教学等相关理论。

（3）写作心得

a.注意借鉴国外的研究成果。了解相关研究国内国际的最新动向，既包括国家政策层面的，也包括专家学者的研究内容。借鉴国外研究成果的同时，要注意结合国内一线教学的实际情况，并选择符合我国教育政策和理念的内容。

b.根据读者对象调整写作重点。成果最终都要接受读者的检验，所以在写作的时候，要考虑读者的需求，介绍他们感兴趣的内容。再者，我们的成果有明确的读者对象，也方便我们选择合适的期刊来投稿。

【实例 2-39】

▲《高中英语课堂教师纠正性反馈语对比研究》写作思路

编辑说： 若要会写作，我们首先要会看文章，鉴别文章是否值得看。各类文章数不胜数，我们要学会挑选文章来看，不然文章真的看不完。具体到每篇文章，我们要会看"门道"。看文章的研究思路、框架和研究方法，看文章是如何安排结构布局的，如何写引言的，参考了哪些权威文献。其他学科的研究也可以借鉴，会给我们不一样的启发和收获。其次，要会看课。看似平常的课，如果比较参照的对象不一样了，说不定就可以找到一个很好的写作选题。

I 主题提炼：理论热点＋学科共性问题

II 文章内容概述

营造平等互动的课堂氛围，帮助学生习得语言，探究如何优化高中英语课堂教师纠正性反馈语。本文以美国学者弗兰德斯的互动分析系统为框架，通过比较研究高中英语优质展示课和常规课纠正性反馈语特点，发现优质课纠正性反馈语语量多，教师倾向于使用请求澄清、诱导和重复的隐性纠正性反馈；常规课纠正性反馈语语量少，教师倾向于使用明确纠正和重述的显性纠正性反馈。建议教师提高反馈语语量、丰富纠正性反馈语，优化协商反馈语。

Ⅲ 文章结构：并列式结构

> 一、课堂互动反馈语相关理论和研究
>
> （一）互动假说
>
> （二）输出假说
>
> （三）纠正性反馈语
>
> 二、两类课中的纠正性反馈语比较分析
>
> （一）课堂纠正性反馈语比较研究设计
>
> （二）结果分析
>
> 1.优质展示课教师纠正性反馈语特点分析
>
> 2.常规课教师纠正性反馈语特点分析
>
> 三、课堂纠正性反馈语对比分析及应用策略
>
> （一）落实学生主体地位，提高课堂纠正性反馈语语量
>
> （二）关注学生个体差异，丰富课堂纠正性反馈语
>
> （三）创建师生协商互动模式，优化协商反馈语

Ⅳ 写作思路分享

（1）写作起点：一篇文章的写作离不开两方面的准备：一是理论

的积累，二是优秀课例的搜集。课堂师生言语互动是作者研究生毕业论文的主题。在撰写论文时作者参阅了大量文献，研究课堂师生言语互动工具。工作之后，作者也积极参加各种观课活动。有了理论指导和优秀课例，开始该文写作。

（2）构思过程

a. 主题提炼：这篇文章是在课堂师生言语互动研究基础上的进一步深入研究。通过弗兰德斯的互动分析系统中的课堂观察量表收集和分析优质课、常规课相关数据后，作者发现课堂师生言语互动中教师的纠正性反馈语行为十分值得研究。于是，在进一步学习相关理论和研究后，作者梳理出了"课堂互动""纠正性反馈语"两个核心概念，设计了英语课堂教师反馈语比较研究。

b. 内容转化：本文的难点在于数据解读。写课例分析类型的论文关键是确定分析框架。所以文章第一部分梳理课堂互动相关理论，为文章第二部分的研究方案设计奠定理论基础。第二部分按照研究的过程，从研究方案设计、研究结果分析来呈现文章内容。第三部分，依据研究结果，提出建议，前后呼应。

c. 理论支撑：课堂互动、课例研究和比较研究等相关理论。

（3）写作心得

a. 注意积累，开拓视界。作为一线教师，要留意搜集典型的课例。同时，加强理论学习。作者深入钻研师生言语互动的相关理论和研究，发现国外学者对课堂教师反馈语有着深入的研究，而国内相关研究并不多，于是确定了教师纠正性反馈语的研究内容。总之，一线教师要想有丰硕的科研成果，钻研教学和学习理论，哪方面都不能放松。

b. 以研促教，教学相长。写作论文的时候，我们会重新审视自己所做的日常事务，然后有不一样的发现。通过这次论文撰写，作者惊喜地发现每次课堂师生言语互动的生成是师生间思想和情感的碰撞，教师的纠正性反馈语也不是传统意义上的批评和纠错。同时，通过研究，可将有效的教学策略应用于日常教学中，改进和提升自己的教学水平。

一线教师在进行听评课时，往往是基于以往经验对一节课做整体评价，分析的内容缺少具体的理论支撑或不成系统。所以在将一节课变为论文时，有的教师说，不知道如何提炼实践经验，写文章无话可说；写的文章都是大白话，没有理论性。这是因为他们一直处于"看山是山"的阶段。课例研究有明确的操作流程、观察要点和分析框架，知道研究课堂的方法和手段以后，就能够学会解读教学，进入"看山不是山"的阶段。

教师如何
写论文

资料窗　课例研究

1. 课例研究

课例研究（lesson study）以改进教学为目的。有三种研究取向:（1）教学设计本位，以现有的教学理论为指导，解决实际教学问题，设计教学方案，然后实施教学，在此基础上改进教学设计，再试教，再改进，这个过程循环若干次。该研究取向和教研活动中的磨课类似。（2）课堂话语分析，如师生言语互动分析、课堂话语 IRE（Intiative-Response-Evaluation，教师引导—学生回应—教师评价）结构和课堂话语深层次分析。（3）描述性评论，以现象学中"描述"的方法来解读课堂的某些片段，包括倾听与观察、理解与解释、研究与改进。

2. 视频分析

视频分析是指对课堂教学过程进行录像，然后对所录制的视频及转录的文字等进行分析研究。视频分析主要内容包括：（1）教学内容分析，通过对转录文字进行编码，回答研究中的假设问题或者是学科概念在课堂上的出现及分布情况；（2）课堂互动分析，对师生的互动行为和语言进行编码，分析课堂互动的一般类型；（3）课堂整体研究，关注一节课或者若干节课中同类的教学活动是如何展开的，如课堂导入、课堂提问、学生独立练习时间等。

第六章 怎么打磨完善一篇论文?

编辑说 初稿完成后,有的作者认为大功告成,往往忽视对文章的修改和打磨。要转变观念——好文章是磨出来的。我们借鉴编辑工作经验,从消灭差错、润饰提高和规范统一三个方面对文章进行修改,对一些常见的共性问题要重点关注。

(一)文章有修改价值

好文章是磨出来的。前提是文章初稿必须有修改的价值和基础。若文章没有可取之处,打磨修改就无从谈起。为撰写一篇有修改基础的文章可从以下三方面着手。

1. 说理和案例相结合,切忌"两张皮"

在审稿过程中,我经常看到这类文章:理论和具体的案例是割裂的,介绍理论时就单纯介绍理论或者只简单地呈现教学设计。我们在以课为基础写作论文的时候,要注意理论和教学设计相结合进行说明。理论表明我们的观点,具体的案例用来证明理论。比如,项目化学习、基于理解的教学设计等都是有固定模式的,这些理论为大家所熟知,我们在以这些理论为指导写作文章的时候需明确,重点是介绍我们的独特做法，而非介绍理论本身是什么。

2. 一条主线，一条副线

一篇文章的容量有限，不能想着把所有内容都在一篇文章中呈现，这样会显得文章思路混乱，内容庞杂。我们在呈现内容的时候，要分清主次，呈现哪些，不呈现哪些，需要考虑清楚。主线使文章整体结构完整、逻辑清晰。副线是用来丰富文章内容的，这些内容是为主线服务的，不能有损主线。比如，一篇介绍校本课程方面的文章，我们重点介绍这门课程的目标、内容、实施和评价等，有关这门课程具体教学方法和策略的内容，则不必在文章中呈现。再如，一篇介绍听评课工具的文章，同样一个工具，原文说这个工具既可以在备课的时候使用，也可以在听评课的时候使用。但备课和听评课有较大差异，一篇文章同时呈现备课和听评课时如何使用该工具，就会出现前后矛盾的状况。这时候我们就应该做一些取舍，挑选一个方面重点进行论述。

3. 论文写作，计划先行

一线教师的日常工作较为烦琐，很多教师会说没有时间读书、做研究。工作以后，每个人都是好多事情在同时进行。写论文的时间永远等不来，这个事情做完了，还有下一件事情需要处理。甚至这个活儿还没做完，下一个事情已经来了。我们需要主动挤时间来读书，来做科研。这时候，我们需要制定一个整体的写作计划和日写作计划，二至三周完成一篇论文初稿的总计划，这样写作更有目标（见表

2-3）。我们制定每天的写作计划（见表 2-4），把一天分为早、中、晚三个时段，每天挑一个相对固定的时间来看书、写作，形成习惯，日积月累，在不经意间，一篇文章已经完成。

表 2-3　写作总计划

2—3周写作日历									
时间	任务	周一	周二	周三	周四	周五	周六	周日	总小时数
第1周	制定写作计划，阅读相关文献，形成写作思路								
第2周	开始动笔，完成初稿，优化文章结构								
第3周	文字、格式修改，投稿								

表 2-4　一日写作计划表

论文写作一日计划表									
时间		周一	周二	周三	周四	周五	周六	周日	备注
上午	6:00								
	7:00								
	8:00								

时间		周一	周二	周三	周四	周五	周六	周日	备注
上午	9:00								
	10:00								
	11:00								
	12:00								
下午	13:00								
	14:00								
	15:00								
	16:00								
	17:00								
	18:00								
晚上	19:00								
	20:00								
	21:00								
	22:00								
	23:00								

（二）论文修改要点

好文章是磨出来的。伟大的文学作品《红楼梦》也是如此，"批阅十载，增删五次"。论文初稿完成后，并不意味着写作结束，而是新的开始，我们需要对论文进行反复的修改和打磨，就像我们开公开课一样，需要试教、修改，甚至推翻重来。修改论文我们可从三个方面着手：消灭差错、润饰提高和规范统一。

1. 消灭差错

消灭差错是指消除知识性、科学性、文字、语法、修辞、逻辑和标点符号等方面的错误。

（1）知识性、科学性错误

知识性、科学性错误主要是常识、教育教学领域和学科等方面的错误。教育教学领域常见的错误有以下几个。

①课程标准简称错误

我在审稿过程中发现课标引用经常出现两类错误。引用了课程标准中的内容，但未标注引用。准确来说，凡是引用课程标准中的内容都必须添加注释，列出参考文献。此外，当我们指具体某个学科课程标准、教学基本要求、单元教学指南等文件的简称时，要加书名号。《标点符号用法》（GB/T15834—2011）4.15.3.4 条指出，书名号标示作品简称。

在审稿过程中，经常会遇到把 2017 年颁布的高中课标或者 2022 年发布的义务教育课标简称为"新课标"。我认为这是不准确的，且容易引起误解。"新课标"是有特定含义的，它是指 2001 年第八次全国课改所颁布的课标。之所以称为新课标是因为那次颁布的课标相对于之前的有颠覆性的变化，由之前的教学大纲改为课程标准，而且还诞生了一些新的学科，如综合实践活动课程。第八次课改是全面性的改革，所以叫作新课改，诞生了新课标。所以2017年12月底发布的高中课程标准不能简称为"新课标"，具体某个学科的课程标准可简称为《2017版课标》。同理，义务教育阶段的某学科课标可简称为《2022版课标》。

②教材简称不正确

还有一个比较常见的问题是教材简称不正确。上海有些学科的教材有两个甚至两个以上的版本，我们不能笼统地说沪版教材，这样是不准确的。我们应该明确说出它是具体哪个版本的教材。我们以高中英语教材为例，英语教材有两个版本，一个是上外版，另一个是上教版。我们文中涉及具体英语教材的时候，就要明确指出具体是哪个版本。这两个版本教材的完整名称分别是:《高中英语》（上外版）和《高中英语》（上教版）。

③外国人名、外国机构、国外文献

《学术论文编写规则》（GB/T7713.2—2022）规定，符号和缩略词的使用应遵照国家标准中的有关规定。如不得不引用某些不是公知公用的，且又不易为同行读者所理解的，或系作者自定的符号、记号、缩略词、首字母缩写字等时，均应在第一次出现时一一加以说明，做明确定义。论文写作中，第一次出现外国人名、外国机构、国外文献（课标、报告、专著等）时要写出完整译名和英文名称（英文名在译名后加括号注明），之后只出现译名或简称即可。

（2）逻辑、语法错误

逻辑混乱、层次不清晰，如现象、原因、措施相互不呼应等。字词句方面的问题有：错别字、用错字词；病句、句式杂糅、成分残缺（缺主语等）。

（3）标点符号常见错误

标点符号常见错误有：一逗到底、课程名称用书名号、两个双引号之间用顿号等。

①逗号（，）常见错误：一逗到底。文章中一大段话，句与句之间全部用的是逗号。这段话若有几个不同层次的意思表达，是不能一逗到底的。该使用句号的时候，要用句号，否则会破坏句子意思的表达层次。

逗号用法：逗号是句内点号的一种，表示句子或语段内部的一般性停顿。复句内各分句之间的停顿，除了有时用分号，一般都用逗号。用于下列各种语法位置：较长的主语之后；句首的状语之后；较长的宾语之前。

②双引号（""）、书名号（《》）常见错误。书名号和双引号常见的错误是两个书名号和两个双引号之间用顿号隔开。《标点符号用法》（GB/T15384—2011）规定，一般情况下两个书名号和两个双引号之间不再使用顿号隔开。因为书名号和双引号本身已经有提示停顿的作用，所以它们之间不需要再使用其他符号。

书名号和双引号的误用、滥用也较为常见，如课程名称、课题名称、丛书名加书名号。我们知道书名号是标注作品的，如电视剧、小说、文章，等等。课题和课程它们不是作品，所以不能用书名号。《标点符号用法》（GB/T15834—2011）中的"A.13 书名号用法补充规则"规定：不能视为作品的课程、课题、丛书、奖品奖状、获奖名单、会议、活动、组织机构等名称，不应用书名号。

还有一种常见的情况是，文中滥用双引号。不符合双引号用法的一些情况，也使用双引号。

双引号用法：标示语段中直接引用的内容；标示需要着重论述和强调的内容；标示语段中有特殊含义而需要特别指出的成分，如别称、简称、反语等。

书名号用法：书名号标示的是"名"，凡是不属于"名"的，都不能用书名号。书名号标示的有书名、文章名、刊名、报名、文件名，除此之外，还有媒体栏目名、光盘名、软件名、作品简称等。

2. 润饰提高

"润饰"是指对论文进行增删，结构调整，修改标题，重新遣词造句等。

（1）总体方面。文章最大的亮点是否突出？文章最吸引人的地方是否表述清晰？文章的主要观点是否表述完整、清晰？读者对"我"的文章是否感兴趣？

（2）结构调整。结尾和开头是否呼应？前面提出的问题，后面提出的策略是否能解决？文章各部分之间，段落与段落之间是否过渡自然，逻辑是否清晰，前后顺序是否需要调整？

（3）内容方面。文章摘要、引言是否吸引读者？如果不是的话，可以做哪些改进？文中涉及的素材是否最优，是否可以替换成更好的素材？文章是否有多余的内容或者需要进一步补充的内容？

3. 规范统一

主要指内容表述前后一致，排版格式规范，核对引文、图表，规范参考文献格式等。

（1）排版格式规范：按照征稿启事要求排版，包括字体字号、行间距，标题序号、参考文献，等等。

（2）核对引文：引用是否权威、标引是否准确。

（3）核对图表：核对图表中的数字、文字是否有误。

①先文后图表，上表下图。先出现文字，再出现图表。表格的名称标注在表格上面，图片的名称标注在图片下面。表格必须有表名，图片的名称可省略，可仅标注图1/图2……

②正文中也要提及文中出现的表格和图片，正文中标注"（见表1/见图1）"或者"如表1所示/如图1所示"。

③文中图表要有分析阐释。作者呈现表格是为了说明一定的问题，所以不能仅仅只呈现一个表格，作者要对表格中的内容有所分析和阐释。学术论文不需要装饰性的图片，类似这样的图片可以拿掉。

（4）规范参考文献格式。（详见Part1"参考文献格式"部分）

4. 学习国标

我们写作涉及的方方面面都有国家标准和出版行业标准可以参照，如标点符号、图表、参考文献等，在具体写作的时候，可以参考这些标准来进行标注。这些文件我们都应该认真仔细地学习，使我们的写作更加规范。

资料窗 *学术出版规范系列标准*

CY/T 118—2015 学术出版规范 一般要求

CY/T 119—2015 学术出版规范 科学技术名词

CY/T 121—2015 学术出版规范 注释

CY/T 122—2015 学术出版规范 引文

CY/T 123—2015 学术出版规范 中文译著

CY/T 170—2019 学术出版规范 表格

CY/T 171—2019 学术出版规范 插图

CY/T 173—2019 学术出版规范 关键词编写规则

CY/T 174—2019 学术出版规范 期刊学术不端行为界定

GB/T 7713.2—2022 学术论文编写规则

GB 3101—1993 有关量、单位和符号的一般原则

GB/T 15835—2011 出版物上数字用法

GB/T 7714—2015 信息与文献参考文献 著录规则

GB/T 15834—2011 标点符号用法

第七章　如何准备职称鉴定论文?

　职称论文鉴定有诀窍，掌握方法人人都拿 A。职称
鉴定论文是一线教师职称评定过程中的重要一环，与教师职业生
涯发展密切相关。首先，了解不同级别的职称评定对论文的要求；
其次，了解职称论文鉴定等级影响因素；最后，从出版和教育两
个角度关注职称论文评定细节。

（一）职称鉴定论文要求须知

我们在准备职称论文鉴定前，首先要清楚相关部门对职称鉴定论
文的相关要求。比如，哪些文章可以作为职称鉴定论文。不同级别的
职称评定，对论文的要求分别是什么，如数量和质量，等等。

1. 职称鉴定论文类别

不同地区、不同级别的职称评定，对论文的要求也是不一样的。
我们以上海市 2022 年中小学职称鉴定论文为例进行说明。上海可作
为中级职称鉴定的论文分为两类。

（1）公开发表：是指在正式出版物上发表的文章。

（2）交流发言：在区级及以上级别的教研活动、学术会议、教学

展示等各类活动上所做的发言、报告，并提供相关证明材料。

2. 不同职称对论文的要求

上海不同级别的职称对论文的要求也各不相同，大体要求如下。

（1）中级职称：1—3篇，公开发表、交流发言均可。交流发言想要作为职称鉴定论文，必须是区级及以上级别交流发言，且有相关部门开具的证明。

（2）高级职称：至少3篇公开发表的文章。

（3）正高/特级教师：评正高或者特级要求在国内外重要刊物上发表文章（如北大中文核心、C刊、人大复印报刊资料等）。

（二）职称论文鉴定影响因素

上海职称论文鉴定划分等级，C及以上为合格，A为最高等级。影响我们职称论文鉴定等级的很重要的一个因素，是文章发表在什么级别的刊物上。

1.刊物级别

刊物级别按照主体不同，分为不同的评价体系。比如，中小学一般是把期刊分成三类：国家级期刊、省市级期刊、区（县）级期刊。

（1）中小学分类标准

区级刊物也就是我们常说的内刊，上海16个区，每个区都有1—2本内刊。国家级期刊是按照主管部门和主办单位来划分的，很多教育类的国家级期刊，都由教育部主管。省市级期刊一般是由各个省（自治区、直辖市）的教育厅或者是教委主管的。

（2）出版行业分类标准

出版行业按照期刊的发行范围，将期刊划分为公开发行的期刊和内部发行的期刊。

①公开发行的期刊是指可以向国内外公开征订和发行的期刊。一般期刊的发行范围都会在版权页上标注，会标明发行范围是公开发行。

②内部发行的期刊是指只能在境内按主管单位确定的发行范围征订、发行，不能在社会上公开征订、陈列和销售的期刊。内部发行的期刊，一般也会在期刊的封面或者是目录页的明显位置标明。

（3）高校评价标准

高校现在比较流行的学术期刊评价体系主要有五个，具体如表2-5所示。

表2-5　学术期刊评价体系一览表

名称	简称	评定周期	研制单位
中文核心期刊要目总览（2020版）	核心期刊	3年	北京大学图书馆等
CSSCI来源期（2021—2022）目录	C刊	2年	南京大学、中国社会科学评价研究中心
人大复印报刊资料重要转载来源期刊	人大评价	2年	中国人民大学人文社会科学学术成果评价研究中心、书报资料中心

名称	简称	评定周期	研制单位
中国学术期刊评价研究报告（武大版）2021—2022 RCCSE 权威、核心期刊排行榜与指南	RCCSE	2 年	中国科教评价网、中国科学评价研究中心、武汉大学图书馆等
中国人文社会科学期刊AMI综合评价指标体系（2022 版）	AMI	4 年	中国社会科学评价研究院

2. 文章内容质量

职称论文鉴定的标准与编辑部的审稿标准大同小异。职称高评委在审核职称论文的时候，主要是考虑文章选题是否恰当，文章是否有新颖性，文章写作是否规范。（详见 Part1"编辑审稿有标准，写作牢记稳准狠"部分）

职称论文鉴定的主要目的是通过文章来看教师对本学科的教学把握程度如何。这也是职称论文要求必须专业对口的原因。评学科类的职称必须提交与学科教学相关的论文，如走德育系列的职称需要提交德育相关方面的文章。也就是说，中小学学科教师要在学科教学方面有扎实的实践功底和理性思考。比如，英语教师的职称论文，必须让高评委看出来这位教师对英语学科教学有一定的思考和认识。走德育系列职称的中小学老师，要对德育方面有深入思考和独特做法。

此外，职称论文必须遵守学术规范，否则一票否决。文章要有一定篇幅，不能只有两三千字，这样的内容含量过于单薄。一份教学详案有两三千字。除了这些"硬性"条件之外，"柔性"条件也必须具备，如有学术品位，有一定理论性。科研成果类型尽可能丰富一些，如论文、课题、专著、学术报告、开设课程等。

（三）职称论文鉴定小贴士

我们作为职称鉴定论文的文章，一定要认准正式出版物，警惕各类非法出版物，免得上当受骗。

1. 正式出版物

（1）正式出版物含义

正式出版物是指有正式刊号、书号和内部资料准印证的刊物和图书。具体包括以下四类：有国际标准书号（ISBN）的正规出版社发行的专著、教材和论文集；有国内统一连续出版物号（CN）的正规杂志社出版的国内期刊，或仅有 ISSN 刊号的国际期刊；有国内统一连续出版物号的正规报社出版的报纸；有连续性内部准印证的内部刊物。

（2）正规刊物鉴别途径

正规公开发行刊物鉴别途径有二，具体如下。

①国家新闻出版署。打开官网，点击"办事服务"，再点击"从业机构和产品查询"下的"期刊／期刊社查询"，然后输入要检索的期刊名称，再点击"搜索"。若是正规期刊，相关信息会出现。否则，不是正规期刊。

②中国知网。打开知网首页，点击"出版物检索"，输入要检索

的期刊名称，然后进行检索，若是被收录的正规期刊，会出现相关信息（也有个别正规期刊没有被收录）。

2. 警惕非法出版物

我们要注意鉴别各类非法出版物，谨防上当受骗。

（1）没有书号和刊号的国内图书、期刊 / 报纸；没有书号的国际期刊。

（2）一个杂志有不同版本，除了备案之外的其他版本的期刊。

（3）套用、伪造、假冒出版单位名称、报纸和期刊名称、刊号和书号的出版物，也就是常说的假期刊、假书。

（4）其他违反新闻出版广电总局相关规定的图书、期刊和报纸，如以书代刊，用书号来做期刊。国家有相关规定，ISSN 和 ISBN 不能替换使用。

Part 3

如何将课题成果
转化为论文

　　公开课、写论文和做课题是每位教师专业发展道路上绕不开的"三座大山"。做课题是做课题，写文章是写文章，上课是上课，看似是三件独立的事情。其实，三者之间是紧密相连的。我们有一节好课，我们可以以这节课为基础写篇文章；在一篇文章的基础上也可以再把它做大，由一篇文章变成一个课题；课题立项之后，我们可以根据一个课题写出不少文章。因此，我们有必要交流一下课题与论文，消除课题和论文之间的"鸿沟"。寻求切实可行的路径，将课题成果转化为论文。

第八章 课题与论文有何共通之处?

> **编辑说** 课题和论文是一线教师做科研最重要的两部分内容。我们厘清课题与论文之间的联系,为科研助力。课题与论文在选题、题目拟定等方面具有一致性;在体例、格式、内容含量方面差异大;在选题缘由与引言、研究内容、研究方法和参考文献等方面有联系。

我平时看到的文章,不少是结题报告,而非学术论文。结题报告和学术论文是两种不同的文本。为了不再把结题报告和论文搞混淆,我们有必要"澄清"二者之间的关系,厘清二者的区别与联系。

(一)课题与论文的相同点与不同点

1. 选题是否可行的衡量标准一致

课题是否是好课题的评价标准和好论文的评价标准一致。我们在看课题和论文选题是否可行时,主要关注选题的导向性、科学性和新颖性等方面(详见 Part1 "编辑审稿有标准,写作牢记稳准狠"部分)。此外,课题选题是不是可行,能不能被立项,和一节课是否适合写成论文的衡量标准也是一样的:一是看选题是否符合当下的需要,回应教育热点；二是能不能解决学科或者是某领域的关键问题（详见 Part2 "什么课适合写成论文？" 部分）。

【实例 3-1】

▲课题名称：校园武术教育在生涯教育中的研究

实例分析： 从题目看该选题主要存在科学性方面的问题。武术教育、生涯教育二者皆是教育热点话题。武术教育和生涯教育是两个没有交集的领域，二者之间没有必然联系，所以不能通过生涯教育进行武术教育研究，该选题不可行。

如果该课题把武术教育和传统文化教育，再或者是和德育方面相结合，这样的选题是可行的。因为武术是中国传统文化的重要组成部分，武术里面提倡的武德、抱拳礼等在德育方面都可以发挥作用。如果选题从这两个角度切入，则是可行的。

我们在确定选题的时候，不管是课题还是论文，首要考虑选题的科学性如何。不能单纯为了凑热点，而不顾科学性。

【实例 3-2】

▲文章名称：《校园体育社团融入德育的实践探索》

实例分析： 本文选题符合立德树人的教育政策和教育理念。近年来，党和国家发布了一系列和德育相关的政策文件。2012 年 11 月，党的十八大提出，"把立德树人作为教育的根本任务，培养德智体美全面发展的社会主义建设者和接班人"；2017 年 8 月，教育部印发《中小学德育工作指南》；2017 年 10 月，党的十九大报告进一步强调"要全面贯彻党的教育方针，落实立德树人根本任务"；2017 年 12 月，教育部印发《中小学德育工作指南实施手册》；2018 年 9 月，在全国教育大会上习近平总书记指出，要把立德树人融入思想道德教育、文化知识教育、社会实践教育各环节，贯穿基础教育、职业教育、高等教育各领域，学科体系、教学体系、教材体系、管理体系要围绕这个目标来设计，教师要围绕这个目标来教，学生要围绕这个目标来学。凡是不利于实现这个目标的做法都要坚决改过来。

该文研究内容和选题角度具有内在契合性。文章介绍了通过武术社团把校园体育社团文化和德育相结合的做法，深入挖掘校园体育社团潜在的德育功能，总结教师在武术游戏中礼仪、规则、合作、评价等各个环节融入德育元素的方法策略，凸显校园体育社团融入德育的特色和优势，为学校充分挖掘体育社团的德育功效提供了有益参考和借鉴。

2. 题目拟定原则一致

课题名称和论文题目拟定原则一致，常见的问题也有共性，如题目过大、不聚焦，标题烦琐、赘余等。同样，论文题目拟定的方法也适用于课题。例如，无论是课题名称，还是论文题目，都要聚焦，研究对象明确，题目不能太大；题目表述清晰，无歧义；题目用陈述句，尽量不要使用感叹句或者祈使句。（详见 Part1"文章题目常见问题"和"小结：好标题的特点"部分）

3.论文和课题体例、格式、内容含量差异大

论文具体行文没有严格、固定的写作格式要求，但课题申请书或者结题报告是有严格、固定的写作格式要求的。比如，课题会有固定部分来界定概念、研究方法、研究意义和创新之处等，但论文不需要单列一部分来界定概念、研究方法和创新之处等。若有必要的话，在正文中提一下即可。

课题的内容含量比论文大，论文是对课题研究内容中某个点的深入阐述。一线教师写教学实践方面的文章，经常会以某节课为例。但我们做课题不会以某节课为例，一节课对于课题来说，内容含量过小。

【实例3-3】

原文：

二、理论依据

根据布鲁姆认知领域的教育目标分类，可分为识记、理解、应用、分析、综合和评价。而前三者属于初级认知，后三者属于高级认知。要逐步培养学生的思维能力，就是要促进低阶思维向高阶思维过渡，而由浅入深、由表及里的问题正是完成过渡的脚手架。

建构主义理论提倡为学生创造出尽可能多的使用语言的机会，促进学生将所学知识与已有经验相结合并进行反思，从而达成知识的重新构建。而教师可以利用问题这个脚手架，促使学生不断探究，将学生的思维提升到更高的水平。

三、问题的分类与思维能力的界定

按照布鲁姆的认知目标分类法，我们将高中英语阅读教学中教师提的问题分为展示型问题、参阅型问题和评估型问题。展示型问题就文本中的字词句、细节信息或篇章结构进行提问，旨在凸显文本脉络，活化文本信息；参阅型问题针对文本体征、写作特点、写作意图或文本中其他有价值的可以生发的关键点进行提问，旨在拓展文本内涵，彰显文本特征；评估型问题则会引导学生对文本话题、内容、作者观点等进行进一步思考，旨在内化内容思想，发展心智思维。三种问题类型侧重各有不同，思维层次活动逐渐提升。

修改后：

二、课堂提问问题类型

按照布鲁姆的认知目标分类法，我们将高中英语阅读教学中教师提出的问题分为展示型问题、参阅型问题和评估型问题。展示型问题是就文本中的字词句、细节信息或篇章结构进行提问，旨在凸显文本脉络，活化文本信息；参阅型问题是针对文本体征、写作特点、写作意图或文本中其他有价值的可以生发的关键点进行提问，旨在拓展文本内涵，彰显文本特征；评估型问题则是引导学生对文本话题、内容、作者观点等作进一步思考，旨在内化内容思想，发展心智思维。三种类型的问题侧重各有不同，思维层次活动逐渐提升。

本案例由上海市嘉定区第二中学余文娟老师提供。案例中引用的参考文献省略

实例分析： 原文存在两个方面的问题：一是没有按照论文格式写作。

原文是按照课题申请书格式来写作的，需要调整为论文格式。小论文中不需要把"理论依据"和"概念界定"单列，若有必要的话，在正文中提及依据的理论和需要界定的概念即可。二是原标题不聚焦。论文小标题按照文章该部分的内容来拟定，原文"三、问题的分类与思维能力的界定"是在讲问题类型，所以该标题修改为"二、课堂提问问题类型"。

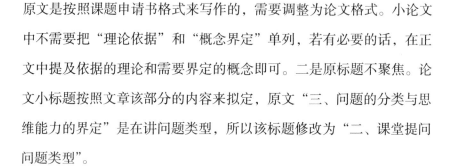

（二）课题与论文有关联之处

课题与论文有关联之处主要体现在三个方面，具体如表 3-1 所示。

表 3-1　课题与论文关联之处

类别	论文	课题
选题缘由与引言	论文引言从政策、理论、实践中的某个方面引入	选题缘由从政策、理论、实践三个方面论述
研究内容	全文集中探讨一个话题	课题会涉及三至四个话题
研究方法	以一种研究方法为主	一般会涉及三至四种研究方法
参考文献	只标注直接引用的文献	除了标注直接引用的文献外，还需要标注参考过的一些有价值的文献

第九章　如何借鉴论文写作经验来做课题？

> **编辑说**　论文写作方法掌握牢，方便借鉴到课题申请书撰写中。在撰写课题申请书时，首先要了解清楚课题申请书各部分的目的何在，注意避免课题申请书各部分写作常见问题，同时关注每部分的撰写要点，这样写出来的课题申请书更规范。

前面两部分我们详细、全面地探讨了如何写出一篇规范的文章。写文章的很多方法，我们也可以借鉴到做课题之中，因为课题与论文之间有诸多共通之处。

课题申请书主要由课题名称、选题缘由、文献综述、概念界定、研究目标、研究内容、研究方法和创新之处等部分组成。我们从课题名称开始，结合具体案例，对课题申请书各个部分，逐一进行讲解。

（一）课题名称，拟定有道

1. 常见问题

课题名称常见的问题，具体如下。

（1）课题名称大小不恰当

【实例 3-4】课题题目过大

▲原题目：基于"双减"背景下的作业设计与实施

▲修改后："双减"背景下初中数学选择性作业实践研究

实例分析： 2021 年 7 月 24 日，中共中央办公厅、国务院办公厅印发了《关于进一步减轻义务教育阶段学生作业负担和校外培训负担的意见》（简称"双减"），自此，有关作业的研究倍受关注。该课题选题符合当下需要，选题在大的方向上没有问题。该选题主要问题是：选题过大，研究内容不聚焦。"双减"涉及的学段是小学和初中，涉及的学科是义务教育阶段的各个学科。关于作业的研究也可细分为不同的领域。所以选题可再进一步明确学段、学科和细化研究作业的内容。根据以上分析，课题题目修改为："双减"背景下初中数学选择性作业实践研究。

【实例 3-5】课题题目过小

▲原题目：基于创生理念的初中英语写作练习的设计与评价研究

▲修改后：基于创生理念的初中英语写作教学研究

实例分析： 课题选题不能过大，也不宜过小。该选题中的"写作练习"较口语化，且折射的教育理念不佳，容易被误以为有应试倾向。所以需要再对选题做进一步调整。我们建议用"写作教学"这个概念。写作教学可涵盖"写作练习"。写作练习可以作为研究的一个内容（"写作练习"可改为"写作作业"）。根据以上分析，课题题目修改为：基于创生理念的初中英语写作教学研究。

（2）课题名称表述不清

【实例 3-6】

▲原题目：基于提升阅读素养视域下小学中高年级英语阅读教学策略的实践研究

▲修改后：基于读者剧场的小学英语阅读教学实践研究

实例分析：该选题主要存在以下三个问题：一是题目过于烦琐，呈现过多细节性内容，该题目共 30 个字。有些细节性的内容不需要在题目中呈现。如本课题的重点是研究阅读教学策略，"提升阅读素养"是目标，不需要在题目中呈现。"基于提升阅读素养视域下"，一般不用这样的表述。二是题目表述不清，本课题中明确了阅读教学的策略——读者剧场，但课题题目中没有出现。题目中可明确读者剧场。这样选题研究内容聚焦，有吸引力。三是没有使用学科特有的专业术语。"阅读素养"这个概念学科特色不突出，英语和语文学科皆可培养阅读素养。阅读素养是我们日常生活中也会使用的一个名词。课题研究尽量使用该学科特有的专业术语，这样研究内容的学科特色更鲜明。综合以上分析，题目修改为：基于读者剧场的小学英语阅读教学实践研究。

（3）"自创概念"不合理

【实例 3-7】

▲原题目：具有年级特征的初中英语写作策略研究

▲修改后：初中英语分级写作教学策略研究

实例分析：课题原题目是"具有年级特征的初中英语写作策略研究"，存在的主要问题是"自创概念"不合理。我们仔细看一下该课题申请书的内容，讲的是在初中不同年级，英语写作教学要采取不同的策略。课题内容还是做得蛮扎实的，是可行的，但主要问题是表述不规范。

"具有年级特征的"是指依据不同年级来制定不同的教学策略。该课题是要做写作教学策略方面的研究。语文学科中有分级阅读。该课题可以借用"分级阅读"这个概念，自定义"分级写作"的含义。用"分级写作"这个概念是经得起推敲的。写作教学的确要针对不同年龄段的学生，或者说对不同能力层次水平的学生采取不同的教学策略。将"具有年级特征的"改为"分级写作"，这样的表述更规范和专业。我们在做一些表述的时候，尽量用专业术语或者是常用表述。中小学不同学科、不同的研究领域之间，是有共通之处的，可以相互借鉴。比如，语文学科有整本书阅读和分级阅读，我们也可以借鉴到英语学科中，研究英语学科如何开展整本书阅读和分级阅读。

2. 拟定方法

课题名称的拟定方法可参考论文题目的拟定（详见 Part1"小结：好标题的特点"部分），同时注意避免以上提到的常见共性问题，如从课题名称中我们要能看出该课题的研究视角、研究领域、研究对象；课题名称简洁凝练，不冗长。此外，我们可借鉴 Part2"如何将一节课变为论文"中"提炼写作主题方法"的思路来拟定课题名称。

课题主要涉及研究背景（政策、理论和实践）、研究内容／对象和研究方法。课题名称的拟定可从课题涉及的要素展开。

（1）政策背景＋研究内容＋研究方法

【**实例3-8**】**新中考背景下初中地理跨学科实践活动的行动研究**

政策背景：新中考

研究内容：初中地理跨学科实践活动

研究方法：行动研究

（2）理论背景＋研究内容＋研究方法

【**实例3-9**】**基于SAM的初中英语单元词汇活动设计的实践研究**

理论背景：激活扩散模型（Spreading Activation Model，简称"SAM"）

研究内容：初中英语单元词汇活动设计

研究方法：实践研究

（3）实践背景＋研究内容＋研究方法

【**实例3-10**】**基于中班创意美术活动的幼儿园发展评价的实践研究**

实践背景：中班创意美术活动

研究内容：幼儿园发展评价

研究方法：实践研究

（二）选题缘由，尽量充分

"选题缘由"部分要讲清楚我们为什么要做这个研究，论述角度要全面。选题缘由的撰写具体我们可以从政策、理论、实践和个人经历四个方面切入（政策、理论和实践三个方面的具体内容，可参照 Part1 "引言类型" 部分）。个人经历是指个人某些与选题相关的特殊经历，这些经历促使我们选择了该选题。如个人参与教材编写或者新教材试教，再或者是我们参与某个项目，这些也可以作为选题缘由。

【实例 3-11】

▲课题名称：小学道德与法治课堂教学主题活动菜单的实践研究

（一）新教材投入使用，加强研究迫在眉睫

2016 年 4 月，教育部公布《关于 2016 年中小学教学用书有关事项的通知》指出，自 2016 年 9 月 1 日起，将义务教育小学的品德与社会和初中的思想品德统一更名为道德与法治。2017 年 9 月，由教育部统一编写的道德与法治教材在全国开始启用。品德与社会课程逐步转型为道德与法治课程，这意味着小学品德与社会课要重新思考原课程内容与法治内容的关系，重新构建课程的内容结构。上海自 20 世纪 80 年代以来一直使用独立的课程标准和教材，当下面临新课程、新教材、新课标，一线教师教学面临不少挑战。为顺利实施新教材、新课程，我们加强对新教材的研究势在必行。笔者以主题活动单为切入口，对统编版小学道德与法治教材进行系统研究。

（二）学习科学蓬勃发展，促进学习方式变革

学习科学兴起于 20 世纪 80 年代末，之后在世界范围内迅猛发展，引起了神经科学、心理学、社会学、计算机科学、教育学等相关学科研究者的极大兴趣，并在此基础上逐渐形成了日趋明晰的学习科学专业领域。学习科学研究领域主要涉及学习是什么（学习的本质是什么）、人是如何学习的（学习的发生机制）、如何高效地学习。近年来学习科学呈蓬勃发展态势：学科科学领域研究成果不断涌现；各类学习科学研究机构相继成立；不同层次的学习科学研讨会频繁召开。这些促进了学习方式的深刻变革。主题活动单以学习科学研究成果为依据，旨在促进学生深度学习的发生。

（三）进行主题活动单研究，改进一线教学

目前，教师在小学道德与法治教学过程中设计活动学习单引导学生自主开展活动的形式被广泛运用。活动学习单是一种实现学生自主学习的良好方式。然而，教师设计的传统活动单存在一些共性问题，具体如下。

（1）活动单以任务为导向。大多数教师自行设计的活动单以表格和调查问卷等形式为主，活动单的内容以指令性语言呈现，要求学生完成具体的任务，呈现简单的调查结果。传统的活动单内容、形式及要求均不符合小学生的身心特点，这不能有效激发学生主动参与的积极性。

（2）活动单缺少方法指导。学习单的设计自上而下，没有充分考虑学生的现有水平和已有经验，缺乏符合该年龄段儿童心理特点的方法指导和策略导向，有些活动单甚至是知识点的罗列。本该由学生在家长协助下完成的社会实践探究活动变成了家长的任务，或者变成知识点的简单操练，这些对学生能力的培养帮助不大。

（3）活动单缺乏系统设计。在道德与法治教学实践中，活动单往往只针对单课的单一任务，缺乏系统完整的规划。这使得对学生能力的培养做不到系统全面、循序渐进。应根据各个年龄阶段学生的身心发展特点和学习主题内容特征，对小学活动单进行整体设计，使活动单在不同年段实现横向和纵向的有机联系。

本案例由谢晓英和上海嘉定区世外学校毛云蕾老师撰写。案例中引用的参考文献省略

（三）文献综述，确有路径

文献综述是对某一学科、某一研究领域或某一研究问题在一定时期内的研究状况进行全面、系统的综合概括与评价。它反映了作者对已有研究及未来研究的认识与判断，是作者利用大量文献对有关研究历史发展、现状与趋势的论证。文献综述不仅仅是对文献的综合概括，还包括对文献的评价。

我通过看大量的课题申请书，发现文献综述部分普遍存在比较多的问题。不少作者似乎不知道文献综述是什么，为什么要做文献综述，做文献综述的意义和价值是什么，规范的文献综述到底该如何写。因此，我围绕这四个问题，进行系统梳理。首先我们要明确什么是文献综述，接着再看文献综述在课题研究不同阶段的价值和意义，再接着看如何进行文献检索，最后再看如何撰写文献综述。

1. 为何做文献综述

文献综述在研究的不同阶段，所发挥的作用也是不一样的。在确定选题前，文献综述可帮助我们明确选题。确定选题之初，我们只是有一个比较笼统、模糊的想法。在一步步地查找文献、阅读文献过程中，我们对研究选题的认识渐渐清晰，研究选题逐步细化。

在确定选题后，做文献综述可帮助我们：（1）了解该研究发展的历史脉络。了解研究状况，如研究问题的历史、渊源和范畴等，能帮助我们对该领域有一个整体认识。我们可以知道这个领域的研究现状，研究是如何开始的，然后研究分为哪几个阶段，现在研究进展到什么程度了，包含哪些研究范畴，等等。（2）确认自己研究的合理性。通过文献综述辨别自己的研究内容与现有研究的一致性，确认自己研究的合理性、研究价值；同时也可避免重复劳动。若通过文献综述发现前人对该问题探讨已较为深入和全面，那么我们再做同样的选题的价值不大，需寻找新的选题。（3）确定研究的切入点。通过文献综述找出自己的研究内容与已有研究之间的差异，确认研究空白点，找到合适的切入点。这个切入点也是我们研究的创新之处。

在研究过程中进行文献检索，可帮助我们进一步优化研究选题，并有助于提出假设、细化研究问题；通过看别人的研究，可借鉴他人的思路，给我们带来启发、灵感。在他人研究的基础之上，提出自己的研究选题。通过做文献综述，可以让我们站在巨人的肩膀上看得更高、更远。

2. 文献检索途径

检索文献类型要全面，除了期刊文章，还有专著和报告等也要检索。除了检索中文文献，英语文献也要尽可能地查阅。此外，检索的数据库也要齐全。在做文献检索的时候，除了中国知网，我们还应该检索其他的数据库，如万方、读秀、超星等。每个数据库的功能和特色各不相同，例如，知网和万方查阅中文期刊文献更方便，读秀和超星查阅专著更方便。

3. 文献检索步骤

在开始文献检索之前，我们先要确定检索的关键词。（1）首先要分析课题的核心概念以及它们之间的逻辑关系。一个课题一般会涉及多个核心概念，我们要厘清核心概念的上位概念是什么、下位概念是什么及它们之间的所属关系。（2）接着提炼出我们这个课题的核心概念，然后列出核心概念的同义词、近义词及不同表达形式。这样检索文献更全面，少有遗漏。比如，"统编教材"和"部编教材"，这两个概念是指同一事物，只是不同称呼。（3）开始初步检索文献。根据检索情况再进一步优化检索。因为有时候你用这个词可能搜索不到文献，但若换一个词，则会有很多文献，最终获得你想要的文献。

例如，我们做法治教育方面的研究，文献检索所涉及的关键词如下：普法教育、法制教育、法治教育、宪法教育等。法治教育在不同的历史阶段有不同的称呼，如普法教育、法制教育等；和法治教育含义相近的概念有人权教育、宪法教育等。

4. 如何做文献综述

课题申请书文献综述部分常见问题有:(1)简单罗列几个人的观点,只有"述",没有"综",说 A 怎么说,B 怎么说,C 怎么说。(2)文献检索不全面。该领域的权威作者的文献未列出,或者是文献检索的关键词不全面,就贸然下结论说几乎没有找到选题相关的研究,"我"的研究填补了空白。我们在做文献综述的时候,一定要避免诸如此类的问题。一个规范的文献综述,具体可从以下几个方面展开。

(1)文献综述的内容

文献综述的内容主要包括两个方面:一是已有研究的历史发展脉络及现状;二是综述者的评价及未来研究展望。

①已有研究的历史发展与现状

a. 该领域的研究缘起。每一个研究领域都可以追溯到它最初开始的源头。做文献综述时我们先简要分析一下这个研究领域是怎么开始的。比如,我们做统编教材方面的某个选题。有关统编三科教材的由来是,2016 年 4 月份教育部发布通知,要求从 2016 年起,将义务教育小学和初中起始年级《品德与生活》《思想品德》教材名称统一更改为《道德与法治》,从 2017 年 9 月份新学期开始语文、历史和道德与法治用三科统编教材。自此,有关三科统编教材的研究兴起。

b. 研究的历史发展阶段。有些领域研究历史漫长,我们在做综述的时候,可介绍一下该领域经历了哪些研究阶段。在划分研究阶段的时候,我们可以以标志性事件的时间节点来展开论述。比如,我们做一个关于我国课改历史方面的选题，2001年、2011年、2017年、2022年这四个年份可作为时间节点。2001年是一个关键时间节点，因为这一年全国第八次课改开始了；2011年各个学科修订版的课程标准发布；2017年三科统编教材投入使用；高中2017版课程标准发布；2022年义务教育阶段课程方案和各学科课程标准发布。每个阶段的关键事件和研究重点，是文献综述重点关注的内容。

c.研究现状。具体包括当前的研究重点、研究方法和成果等。当前的研究重点是什么，比较常用的、流行的研究方法是什么，有哪些代表性研究成果等，这些文献综述中都要出现。

②综述者的评价及研究展望

综述者对该领域价值的认识，有哪些做得好的、不好的，当前这些研究有何价值和意义；未来有什么发展趋势，或者说下一步研究我们应该重点关注什么，解决哪些问题；之前的研究方法还有哪些不足，我们要如何改进，如新的研究内容、研究思路、研究设计及研究方法的改进措施等。

（2）文献综述呈现路径

①按不同的观点进行综述

我们可将某一领域研究者的观点划分为若干方面，然后按照不同的观点进行综述。实例3–12即是按照该方法进行综述的。

②按时间/研究阶段进行综述

如果我们选题的研究历史有明显的历史阶段划分，我们可以以标志性事件的时间节点来划分，按照历史阶段来进行综述。比如，我们做上海课改某方面的研究，我们可以按照历史阶段来进行文献综述。上海课改相对全国其他省份的较为"特殊"，一段时期内上海有自己的课程标准和教材。上海课改可划分为三个阶段：一期课改（1988—1998年），二期课改（1999—2016年），新课改时期（2017年至今）。一期课改和二期课改期间上海有自己的课程标准和教材。2017年上海开始全部遵照全国课程标准，道德与法治、语文、历史三科开始使用统编教材，上海课改进入新阶段，可独立作为一个阶段。

5. 注意事项

（1）关键作者、代表性文献要出现。不同学科或者研究领域皆有代表性人物和重要文献。我们做文献综述的时候，关键作者和重要文献要出现，代表人物、重要研究机构、政策法规必须有所涉及。

（2）文献类型全。文献综述不能只有论文或者专著，和研究主题相关的报告、政策法规等也要覆盖。有些研究专题还有专门的网站，对这样的研究选题做文献综述的时候，网站的相关信息也要涉及。

（3）有述有评。做文献综述，不能只罗列该领域有哪些研究，有什么代表性观点。我们自己对当前研究有何见解及看法，所研究内容的优缺点是什么，要讲出来，因为这是我们研究的基础。如果已有研究已经尽善尽美，我们就没有必要再做进一步的研究。

【实例3-12】

▲课题名称：深度学习视域下学科项目化学习中的学习评价研究

为了理清研究现状，笔者通过中国知网、万方等查找项目化学习及深度学习和学习评价近十年（2011—2021年）相关文献。现结合相关文献述评如下。

一、文献综述

（一）项目化学习的内涵和特征

目前关于项目化学习的概念国内外学者看法不一。巴克教育研究所（Buck Institute for Education，简称BIE）在《项目学习手册》（*Project-based Learning Handbook*）中将其界定为："它是一种系统的学习组织形式，学生通过经历事先精心设计的项目和一连串任务，在复杂、真实和充满问题的学习情境中持续探索和学习。"刘延申认为项目化学习实现了理论知识和实际问题的结合，它包括学生亲自进行调研、查阅文献、收集资料、分析研究、撰写论文以及在课堂上对研究情况进行介绍等活动。黎加厚认为项目化学习使学生参加关于调查和研究的实践项目来达到解决问题的目的，获得所需的知识，并将自己建立起的知识体系应用于现实社会。夏雪梅认为项目化学习是"学生在一段时间内对与学科或跨学科有关的驱动性问题进行深入持续的探索，在调动所有知识、能力、品质等创造性地解决问题、形成公开成果的过程中，加深对核心知识和学习历程的理解，并能够在新情境中进行迁移应用"。

综合上述学者的观点，笔者认为项目化学习既是一种教和学的方式又是一种课程开发的方式。其包含四个方面：一是项目化学习的目的指向学生对知识的深度理解；二是项目化学习的核心内容指向概念与原理；三是项目化学习的过程即学生解决真实问题并形成作品的过程；四是项目化学习的评价不同于传统课堂的评价。

（二）项目化学习的教学设计与实践研究

当前关于项目化学习的研究主要集中在理论模型、教学设计、实施应用、问题对策等方面。关于项目化学习的教学模式设计方面，徐国庆认为首先要将实际项目转化为学习者的项目进行实施，然后深入分析每个学习要素，作为教学活动设计的基础，只有通过深入调查和开发项目，项目实施才能成为教学活动。田爱丽认为以现代信息技术作为支持，翻转课堂借助互联网的便利，学生可以随时随地进行沟通和讨论，这有利于学生学习知识，使学生的体验更加丰富，实现课堂的深入探索。宋朝霞等认为项目教学方法存在一些问题，如难以模仿实际情况和控制课堂教学时间等，这些问题可以通过在翻转课堂中使用网络来解决，学生在课前独立学习在线课件，由此教师在课堂上的教学时间被缩短，学生在项目实践中的参与时间被延长，实现了课堂时间的重新分配。关于与理科教学有关的项目化学习教学模式，侯肖将其分为项目的创建和规划两个阶段，项目规划包括项目的拆解、问题确定、课时安排、系统审视并优化设计四个阶段。在实施应用方面，胡红杏认为项目化学习从项目的选择、问题的设计，到活动的参与，再到问题的解决，这些过程有助于学生核心素养的发展。徐兵认为项目化学习有利于促进包括问题解决能力、创新能力、协作能力等在内的学生多元化能力的发展。

（三）项目化学习的学习评价研究

孙丹研究了项目化理念下信息技术课程中的学习评价，结合项目案例设计相关的评价方案，并运用对比实验法验证最终效果。赵丽从评价阶段、评价维度、评价内容等方面构建中职市场营销项目化课程学习评价体系并运用实验，验证评价方案。匡莉敏在巴克教育研究所"黄金标准"的基础上，构建了项目化学习课程质量评价框架，确定了项目化学习评价各个维度的具体方案。刘焱锋设计了包括评价指标项系统、指标项权重、指标项评价标准三个方面的基于网络的项目教学评价指标体系。王云从分析项目化学习的整体设计思路出发，结合不同案例阐述了项目化学习中评价设计的关键策略。

二、研究述评

（1）国内研究的项目化学习大多通过跨学科活动的形式展开，对于学科项目化学习的实践研究相对较少。而且学科项目化学习的研究主要聚焦在建立学科项目化学习模式和具体实施策略上，学习评价领域的研究值得进一步关注。

（2）关于项目化学习评价方面的研究，匡莉敏等学者关注于课程整体设计和实施质量的评价，王云等学者则基于教学实践归纳总结出学习评价设计和实施策略，但对项目化学习中学习评价体系构建研究的关注较少，研究成果亦不显著，且缺乏系统深入的学科实证研究。

学习评价是项目化学习中的关键性环节，优质的学习评价能够引发学生的深度学习，进而促进个体和团体的共同进步。本研究尝试从深度学习的视角构建学科项目化学习中具有操作性的学习评价框架。

案例由上海市实验学校东校舒兰兰老师提供。案例中引用的参考文献省略

（四）概念界定，掌握方法

课题申请书"概念界定"部分存在的问题主要有：界定的概念，并非课题的核心概念或者概念内涵界定不准确。不管是写论文还是做课题，核心概念界定清晰十分必要。概念的内涵包括哪些内容，涉及哪些范围，一定要解释清楚。若概念界定不清晰，可能会影响后续研究。

1. 界定哪些概念

在界定概念之前，我们要明确哪些概念需要界定。（1）容易产生歧义、相近含义较多的概念；（2）作者首创，赋予新含义的概念；（3）比较新、专业性强的概念。除此之外，我们在界定概念的时候需要注意，概念前后表述要一致。不能前面讲的是 A 后面变成 B 了。不能前后不一致，更不能偷换概念。

2. 如何界定概念

界定概念的方法有两个：一是自定义，我们自定义的时候一定要有理有据，能够自圆其说，不能有漏洞；二是借用他人对该概念的定义时，要有我们自己的分析阐述，必须得贴切，不能生搬硬套。

（1）自定义

一般每个概念都是由几个词语构成。我们在界定概念的时候，可先把概念拆分为几个词，解释清楚每个词的含义，然后再界定整个概念。如实例3–13所示，若界定"单元视角"的含义，首先搞清楚"单元"是什么，接下来再界定"单元视角"。我们知道，有关"单元"的定义特别多，至今未形成一个统一的定义。作者界定了我们本课题提及的"单元"的含义。在此基础上，我们再讨论单元视角是什么，包括哪些内容。

【实例3-13】

"单元"一词最早出现在现代。有的解释为"相对独立自成系统的单位"，还有的解释为"学习的段落"。《中学信息单元教学设计指南》依据学科"单元"的发展历程，解释为：单元是依据课程标准，围绕知识技能、综合主题、项目活动等学习材料，进行结构化组织的学习单位。单元视角是以学生为中心，从统整教材、学习内容着手，设计一个贯彻始终、逐层推进的学习主线，从而让学生完成知识、技能和活动完整的学习过程。

案例来自：上海市闵行区教育学院周纯老师主持的2021年度上海市教育科学研究项目"单元视角下初中生计算思维发展模型的建构和实践应用"（项目编号：C2021273）

（2）借用权威定义

我们在界定概念的时候，还可以借用现有的权威定义。在借用别人的概念时要做一些分析和阐释，说明这个定义与你的课题是贴切的。实例3-14是借用别人概念的一个例子。社会科对中国读者来说是一个比较新的概念，同时它也是该课题的核心概念，所以需要对社会科进行界定。作者在界定的时候借用了美国社会科协会对社会科的定义，同时作者又对这个界定做了进一步的分析和阐释。

【实例3-14】

社会科（Social Studies）是美国中小学广泛开设的一门课程。美国社会科协会（National Council for the Social Studies）给社会科下的定义是："社会科是旨在提升学生能力的一门社会、人文科学的综合课程。在学校各门课程中，社会科整合了人类学、考古学、经济学、地理、历史、法律、哲学、政治科学、心理学和社会学等学科的内容，并从人文科学、数学和自然科学中选取了恰当的内容，为学生提供相互联系而又系统的学习机会。社会科的首要目标是帮助年轻一代提高能力，以使他们作为多元文化、民主社会的公民，能够在这个相互依存的世界中，为公众利益作出明智的、理性的决定。"从以上定义我们可以看出社会科的性质是一门综合性的课程，它整合了历史、地理、社会学、政治学、经济学等社会科学与人文学科诸领域的知识和方法；社会科的学习内容涉及诸多领域，如历史教育、地理教育、政治教育、价值观教育、品格教育、环境教育、法治教育、国际理解教育等；社会科的目的是提高学生的认知能力，使其理解多元文化，最终形成共同的政治认同。

（五）研究目标与内容，紧密相连

1. 常见问题

研究目标和研究内容二者密切相关，通过研究内容的实施，来达成研究目标。课题申请书"研究目标"和"研究内容"部分常见问题有：（1）混淆研究目标和研究内容，将研究目标写成研究内容；（2）混淆研究目标和研究的实施，将研究目标写成如何实施研究；（3）研究内容和研究目标关联度不高，通过该研究内容的实施不能达成研究目标。

2. 撰写方法

（1）研究目标

研究目标是指通过该项研究想要达到什么目的。

【实例3-15】

（1）我国中小学法治教育目标体系确立的依据是什么？各个年段法治教育的目标是什么，它们之间存在怎样的关系？

（2）我国中小学法治教育各个年段的内容如何组织？各个年段如何选取材料组织法治教育内容？各个年段的法治教育侧重点是什么？

（3）我国中小学法治教育的有效教学模式有哪些?

（2）研究内容

研究内容即研究具体做什么。研究内容是对研究目标的细化和分解，各个研究内容之间是有内在逻辑关系的。在表述研究内容时，要注意和研究目标保持一致。如果目标和内容不一致，则会南辕北辙。同时，注意研究内容要具体、清晰，这样有助于后续研究的开展。

【实例 3-16】

（1）分析《义务教育道德与法治课程标准（2022 年版）》和《普通高中思想政治课程标准（2017 年版 2020 年修订）》中法治教育相关内容。从内容和结构两方面揭示我国中小学法治教育目标内容和结构特点。[对应实例 3-15 的研究目标（1）]

（2）探讨法治教育内容在小学、初中道德与法治和高中思想政治教材中的内容构成和编排结构。从法治教育内容的选择范围和内容组织两个方面展开，分析教材中内容选择的视角与范围，以及组织方式和编排方式的特点。[对应实例 3-15 的研究目标（2）]

（3）研究我国中小学法治教育的教学模式和教学策略，从而发现可供中小学教师借鉴的法治教育教学方法、策略。[对应实例 3-15 的研究目标（3）]

（六）研究方法，必须明确

1. 常见问题

（1）"自创"研究方法

在看课题申请书的过程中，我发现不少课题申请者会"自创"研究方法。常见的"自创"研究方法有：经验总结法、专家咨询法、信息收集法和统计分析方法等。

教育研究有固定的范式和方法，我们遵循既有的研究范式和方法即可。研究方法和其他部分最大的差异之处在于，其他部分主观性较强，但研究方法部分内容较为客观。研究方法的种类、名称和操作流程、适用范围是固定的，我们在具体地使用某种研究方法时，遵循惯例即可，没有"自由发挥"的空间。

（2）研究内容和研究方法不匹配

每种研究方法各有千秋。不同的研究内容、研究对象，都有相对适合的研究方法。如研究对象是幼儿园小朋友，更适合选用观察研究，而非对他们进行问卷调查或者访谈；若是涉及个人隐私的一些选题，也不宜进行访谈。一线教师进行教育研究常用的方法有：行动研究、调查研究（问卷、访谈）、个案研究、观察研究和实验研究等。我们要依据研究内容和研究对象，选择最为合适的研究方法。若研究方法选择不恰当，我们得不到理想的研究结果/结论。

（3）研究方法理解有"硬伤"

课题申请书中"研究方法"部分常见问题有：

①不少作者对某些具体的研究方法了解不全面，有科学性问题。经常出错的研究方法有调查研究（问卷），如问卷样本量太小（问卷发放范围、对象），问卷编制不严密（问卷编制缺乏依据，问卷没有信效度检测，问卷问题不能覆盖全部的研究问题等）。问卷可以是自己编制的，也可以是借鉴已有的权威问卷（或者是在已有问卷基础上，略作修改）。不管哪种问卷都可行，但是一定要有理有据，不能我们自己拍脑袋，想当然地编制一个问卷。问卷编制好后对问卷的信效度要进行检测，先进行试测，问卷最终确定后，再开始大规模的问卷调查。

②行动研究的关键特征没有抓住。行动研究是解决教育教学过程中产生的实际问题，要经历"实践→反思→改进→再实践"的循环改进的过程。

2. 研究方法的选择

（1）精准理解每种研究方法的内涵

抓住每种研究方法的关键特征，了解它们的优缺点、适用范围和操作要点。此外，有些研究方法相似之处较多，需要注意区分，如实验研究和行动研究。我们可以从以下三个方面对实验研究和行动研究进行区分。

①研究目的不同：实验研究主要探讨因果关系和验证实验假设；行动研究主要解决教师教育教学过程中遇到的实际问题或者学校管理过程中遇到的实际问题等。

②对无关变量的控制的要求不同：实验研究需要严格控制无关变量，以免影响实验结果；行动研究则无须控制无关变量。

③对研究假设的要求不同：实验研究开始之初需要有理论假设；行动研究不需要有理论假设，但要有大致的行动方案。

【实例3-17】文献法

文献法是"一种搜集、鉴别、整理文献，并通过对文献的研究，形成对事实的科学认识的方法"。文献法是进行任何一项研究的基础。本研究所需的文献主要有三类：一是小学、初中道德与法治教材和课程标准，高中思想政治教材和课标等资料；二是国内对法治教育教学和法治教育教材等方面的理论研究文献；三是国外有关法治教育研究的文献。

实例分析：首先简要介绍文献法是什么，然后讲该课题研究需要哪几类文献。因为课题是关于我国中小学法治教育方面的研究，所以政治、道德与法治教材，政治、道德与法治相关课程标准，还有法治教育方面的一些文献都是必需的。除了纸质文献，电子文献也需要关注。

（2）合理定义每种研究方法

在撰写课题申请书时，我们对每种方法做一个简单解释，然后再说明该方法在课题中如何运用。关键是说明我们这个课题研究中如何使用该方法。研究方法是固定的，最重要的是这个方法在我们这个课题里面怎么使用。因为每个人的研究内容不一样，使用的方法也有差异，搜集的材料也不一样。

【实例 3-18】问卷调查法

本研究采用问卷调查法。问卷调查包括以下内容：第一，使用联想测试法，对初中学生进行联想测试，了解学生对"权利""欺负"的认识水平；第二，通过基本的初中生人身权利意识问卷了解初中生的人身权利意识状况；第三，利用欺负问卷考察校园欺负的发生状况，并研究校园欺负的发生与人身权利意识强弱的关系。

案例来自：王洁.人身权利教育下的校园欺负对策研究[D].上海：华东师范大学，2017.

（3）依据研究对象特点，选择研究方法

对幼儿园、小学低年段的学生不适合用问卷或者访谈。因为幼儿园、小学低年级的小朋友识字量、书写量有限，语言表达能力有限，访谈或者问卷这些他们做不好。对于年龄小的孩子比较适用的研究方法是观察法，研究人员以旁观者的身份到达研究现场，通过观察得到想要的研究内容。

（七）创新之处，要有新意

我在看课题申请书的时候，发现"创新之处"部分常见问题有：

（1）创新之处的撰写没有条理，眉毛胡子一把抓，想到哪里说哪里。

（2）创新之处的语言表达过于绝对、武断，如"本研究填补了空白"，

"本研究是首创"。如果别人找到一个反例，你的结论就被推翻了。有时候我们没查到这个方面的研究，有可能是我们文献检索做得不周密，漏掉了关键文献，并不是说这个研究不存在。我们在表述的时候，要留有余地。（3）混淆创新之处和研究意义，将"创新之处"写成了"研究意义"。创新之处和研究意义有相似之处，但在表述的时候，要注意区分。

课题申请书的创新之处，我们可从研究内容、研究视角和研究方法三个方面进行阐述（详见 Part1 "文章是否新颖"部分）。

1. 研究内容

【实例 3-19】

近年来，国际上关于校园欺负的研究愈来愈多。我国关于校园欺负的研究起步较晚，且现阶段多是理论研究，从实证角度探寻欺负产生原因及提供有效干预措施的研究较少。本研究聚焦校园欺负的产生原因及探求欺负干预措施，丰富有关校园欺负的研究内容。

案例来自：王洁.人身权利教育下的校园欺负对策研究 [D].上海：华东师范大学，2017.

2. 研究视角

【实例 3-20】

目前我国校园欺负干预研究侧重德育视角，认为欺负产生的原因是学生缺乏同理心等。然而欺负行为本身就是对被欺负者权利的侵犯，从法治角度来研究欺负产生的原因及干预措施较为缺乏。在实际的欺负事件中，欺负涉及的权利更多的是人身权利。本研究从人身权利意识的角度探讨校园欺负产生的原因以及干预方法，为校园欺负的研究提供新的研究视角。

案例来自：王洁.人身权利教育下的校园欺负对策研究 [D].上海：华东师范大学，2017.

3. 研究方法

【实例 3-21】

本研究从实证的角度探讨校园欺负产生的原因及干预措施。本研究使用权威的欺负问卷及自编的初中生人身权利意识问卷。此外还采用了联想测试法，该方法有一套独特的联想数据处理软件，录入问卷联想词后可以形成联想地图，这是质性研究和量化研究的结合。使用该方法，学生对联想提示词（权利、欺负）进行自由联想，有利于研究者挖掘学生的内在思想、情感和意识，以便深入了解学生的人身权利意识和对欺负的认识情况。

案例来自：王洁.人身权利教育下的校园欺负对策研究 [D].上海：华东师范大学，2017.

关于创新之处，可能还有人会说，自己说自己的课题如何如何好，有"王婆卖瓜，自卖自夸"之嫌，怪难为情的。创新之处不是让我们自吹自擂，而是客观、平实地描述课题可取之处，帮助大家全面、深刻地了解该课题。评审课题的专家可能对我们这个选题并不是特别了解，他需要从课题创新之处这部分来判断，我们这个课题水平如何，是否可行。创新之处能让评审专家信服，这样有助于我们的课题通过立项。所以我们要重视这部分的撰写。

课题中的文字表述要凝练，即使是一个标点符号，也要显示出我们这个研究相当靠谱。从课题的题目开始，到课题最后一部分，任何一个细节我们都要注意。

第十章　课题与论文二者如何转化？

> **编辑说**　了解课题成果转化为论文中的常见问题，知道三类文本（课题申请书、结题报告、论文）的结构，清楚论文与课题各部分之间的对应关系。在此基础上，课题与论文之间可以进行有效转化。一个好的课题可以引出若干篇好文章，一篇好文章也可以做成一个好课题。

（一）常见问题

课题成果转化为论文中常见的问题有：将课题申请书、结题报告和学术论文三类文本混为一谈，将结题报告或者课题申请书当作论文来投稿。课题申请书、结题报告和学术论文各有固定的格式，虽三者之间有共通之处，但差异之处更多。比如，课题申请书需要有一部分专门来讲概念界定和理论依据，但论文不需要专门列一部分来讲概念界定和理论依据。课题申请书、结题报告和学术论文都有固定的格式，不能把它们混为一谈。

【实例3-22】

原文章题目：《关注思维品质，构建创联式教学》

一、研究背景

二、主要研究过程

三、创联式教学研究的主要成果

（一）建构基于学习理论的创联式教学模式

（二）结合学科本质和课型特点，积累典型的教学案例

（三）基于教师学习特点，构建教研模式

（四）基于证据，展现创联式教学的实际效果

四、对初中教学的思考

实例分析：这篇文章原稿作者是按照结题报告的格式来写的。文章先交代了研究背景是什么，接着是研究过程，再接着是研究成果，最后是反思。作者根据论文写作的要求和文章的具体内容对该文进行了修改。此外，题目和文章内容也需要修改。因为原题目作为论文题目过大、不聚焦，没有交代清楚具体讲哪个学科、哪个学段运用创联式教学。原文研究成果涉及的内容较多，小论文内容含量有限，重点围绕成果某个方面展开即可。

综合以上分析，修改后文章内容重点围绕创联式教学模式在初中语文教学中的应用展开。题目修改为：《创联式教学模式在初中语文中的应用》。文章结构调整为：第一部分先讲创联式教学的研究背景，接着第二部分再说创联式教学模式的内涵及实施，最后一部分再说创联式教学模式实施的启示。

修改后：

《创联式教学模式在初中语文中的应用》

> 一、创联式教学的研究背景
>
> 二、创联式教学模式内涵及实施
>
> （一）创联式教学模式内涵
>
> （二）结合学科本质和课型特点，应用创联式教学模式
>
> （三）构建教研模式，保障创联式教学模式实效
>
> （四）基于证据，展现创联式教学实效
>
> 三、创联式教学模式应用启示

（二）三类文本结构

课题申请书、结题报告和论文是一线教师经常写的三类文本。我们清楚了各类文本的组成结构，然后再分析它们之间的对应关系，以便后续各部分内容之间的转化。每类文本有大致固定的结构，具体如下所示。

1. 课题申请书结构

课题申请书大致由以下七部分构成。

> **题目**：XXXXXXX
>
> 一、选题缘由
>
> （一）政策层面
>
> （二）理论层面

（三）实践层面

（四）个人层面

二、文献综述

三、概念界定

四、研究目标

五、研究内容

六、研究方法

七、创新之处

2. 结题报告结构

结题报告大致由以下五部分构成。

题目：XXXXXXX

一、研究背景（根据"选题缘由"的内容来写）

（一）政策层面

（二）理论层面

（三）实践层面

（四）个人层面

二、研究概况（这部分内容较课题申请书的内容会有所调整）

（一）研究目标

（二）研究内容

（三）研究方法

（四）研究步骤

三、研究意义 / 价值（和创新之处相关，但表述角度不同）

四、研究成果（课题最终的具体成果）

五、未来研究展望（目前所做研究的优缺点）

3. 论文结构

论文结构大致有三类：递进式结构、并列式结构和综合式结构。我们以递进式结构为例，进行说明。

标题：XXXXXXX

引言

一、XXXXXXX（是什么，原因分析、概念界定）

（一）XXXXXXX

（二）XXXXXXX

（三）XXXXXXX

二、XXXXXXX（为什么，主体部分）

（一）XXXXXXX

（二）XXXXXXX

（三）XXXXXXX

三、XXXX（如何做，启示 / 价值、意义）

（一）XXXXXXX

（二）XXXXXXX

（三）XXXXXX

（三）论文与课题的对应关系

我经常去学校调研，比较关注学校的科研状况。通过调研，我发现了一个很有意思的现象，不少学校申请了很多课题。从课题级别来看有区（县）级、市级、省（自治区、直辖市）级，有些学校还申报成功了国家级课题；从内容方面来看涉及教学、课程、德育等方面。课题数量不可谓不多，但课题数量和论文成果产出不成正比。往往学校申请的课题数量比论文发表的数量要多得多。我们做课题花费了大量的时间和精力，若不根据课题研究成果做进一步提炼，发表若干篇论文，着实"浪费"课题。课题能通过立项，在导向、创新性等方面不大会有问题。在将课题成果转化为论文时，我们无须过多考虑文章科学性和创新性等问题。

论文和课题各个部分是紧密相连的，在将课题成果转化为论文时，课题申请书和结题报告的部分内容可直接用到论文中。

（1）论文内容是课题研究内容的具体某个方面。课题研究内容一般有三至四项，论文可围绕任何一项研究内容，进行深入分析和探讨。

（2）文章引言对应选题缘由。论文引言可从政策、理论和实践中的任一方面切入（详见Part1"引言类型"）。课题"选题缘由"部分要从政策、理论、实践和个人方面进行充分阐释。所以，在写作文章引言的时候，可从选题缘由中选取一个点切入，或者是将两个方面结合起来。

（3）论文主体部分是研究成果部分内容。我日常工作中看到的文章不少是结题报告。结题报告不是论文，我们要把结题报告改为论文。论文主体部分对应的就是研究成果部分。论文启示部分，根据"研究意义／价值"来进行写作。

【实例 3-23】论文转化为课题

▲文章标题：《党史教育融入初中道德与法治课的实践探索——以"少年有梦"为例》

文章内容概述：

党史学习教育与初中道德与法治课具有其内在契合性。本文以"少年有梦"一课的教学设计与实施为例，探索如何在道德与法治课教学中融入党史学习教育。首先，厘清党史学习教育内涵；接着，在课堂教学各个环节落实党史学习教育。在课堂导入环节通过党史中不同时期的三位关键人物的梦想揭示主题，在探索新知环节让学生置身于革命场景展览中，通过对经典场景和经典事件的体验与学习，感悟中国共产党从树立初心使命到不断战胜困难，再到带领中国人民站起来这期间所付出的努力，引导学生把自己的梦想与时代脉搏相连，传承红色基因、牢记初心使命。最后提出初中道德与法治课中落实党史学习教育的建议：利用重要事件，增强党史情感；转变教学观念，加强日常渗透；挖掘党史学习教育资源，开展实践学习。

文章结构： 递进式结构

一、教学设计背景

二、教学实施过程

（一）激趣导入环节：看图说话，谈理想

（二）探究新知环节：观视频，立大志

（三）体验发现环节：辨关系，践实行

三、初中道德与法治课中落实党史学习教育的建议

（一）利用重要事件，增强党史情感

（二）转变教学观念，加强日常渗透

（三）挖掘教育资源，开展实践学习

［对应本书第 205 页"研究内容（2）"］

文章引言：2021 年 4 月 20 日，教育部发布的《关于在思政课中加强以党史教育为重点的"四史"教育的通知》中提出："在大中小学思政课中开展以党史教育为重点的'四史'教育，突出青少年群体、贴近青少年需求、引导他们听党话、跟党走。"

《关于深化新时代学校思想政治理论课改革创新的若干意见》中提出初中阶段的课程内容"要通过呈现党和国家事业在各方面取得的历史性成就，引导学生明确'是什么'，树立'四个自信'"。初中道德与法治课作为以政治认同、家国情怀等为学科特色的一门课程，对培养学生具有爱党的意识具有重要作用。党史学习教育的价值导向和道德与法治课的使命担当具有内在的契合性。道德与法治课教学为红色文化的传承与发展提供了课堂阵地，搭建了稳定的平台。道德与法治课中融入党史内容也是本课程创新与发展的趋势。志向是人生的航

标，"编织人生梦想是青少年时期的重要生命主题"。"少年有梦"这一课是统编道德与法治教材（五四制）六年级第一单元"成长的节拍"第一课"中学时代"第二框的内容。本框内容可以融入中国共产党带领中国人民从站起来到富起来再到强起来的历史，引导青少年认识到中国共产党织梦—追梦—圆梦的过程。

案例来自：王洁.党史教育融入初中道德与法治课的实践探索——以"少年有梦"为例 [J].上海课程教学研究，2021（7-8）：76-81.

▲课题名称：党史学习教育融入初中道德与法治课的实践研究

一、选题缘由

（一）政策层面

2017 年 8 月教育部发布的《中小学德育工作指南实施手册》指出学校德育内容的第一部分就是理想信念教育，通过学习"四史"等相关内容，培养学生对党的认同，树立为理想而奋斗的信念和信心。2019 年 8 月中共中央办公厅、国务院办公厅印发了《关于深化新时代学校思想政治理论课改革创新的若干意见》，提出开设党史、国史等相关内容的必修课与选修课。2021 年 4 月教育部办公厅发布《关于在思政课中加强以党史教育为重点的"四史"教育的通知》，提出在大中小学思政课中开展以党史学习教育为重点的"四史"教育，充分发挥思政课在进行以党史教育为重点的"四史"教育中的主渠道作用。2022 年 4 月中共中央办公厅印发《关于推动党史学习教育常态化长效化的意见》，提出"坚持不懈把党史作为必修课、常修课"。这也从意识和行为上指引着一线教师去思考、实践怎样有效落实政策要求。

（二）理论层面

党的十八大报告首次指出教育的根本任务是立德树人。育人之本，在于立德铸魂。

党史学习教育的目标是通过对党史知识、事迹、精神等的学习培养学生爱党、爱国、爱社会主义的知情意行，全面落实立德树人根本任务，提升学生的政治认同、思想认同、情感认同。党史学习教育贯穿大中小学教育的全过程，为立德树人发挥了重要的作用。从本质上看，党史学习教育和道德与法治课具有价值上的一致性、内容上的可融性、逻辑上的互通性。

此外，从通过中国知网搜索的相关文献来看，党史学习教育融入思政课的研究更多地集中在高校思政课中，与初中道德与法治课融合的研究相对偏少。其次，党史学习教育融合初中道德与法治课（以下简称"道法课"）的研究主要集中在可行性、教学方法、理念原则等方面，在融合时是否有其他方面需要去探究的问题，这也是我们进行研究的起点。

（三）现实层面

中国共产党的百年奋斗史蕴含着丰富的精神财富，其教育价值无价。但党史学习教育在初中道法课教学中还未得到充分挖掘，党史学习教育在初中道法课中的功能还远未发挥。上海是中国共产党的诞生地与初心始发地。上海拥有丰富的红色资源，如中共一大会址、《新青年》编辑部旧址、上海淞沪抗战纪念馆等600余处各类红色旧址、遗址、纪念设施。这些场馆为开展党史学习教育提供了有利条件，我们在教学中可利用这些红色场馆。让场馆成为移动的教室，让历史文物成为生动的教材，让红色文化浸润人心。

二、研究内容

（1）梳理初中道法教材中的党史学习教育内容，在此基础上，丰富和整合相关党史学习教育内容，形成一体化设计；

（2）了解初中道法课中党史学习教育现状，设计党史学习教育与初中道法课相融合的主题活动，探索党史学习教育有效实施路径；

（3）了解党史学习教育资源现状，开发与初中道法课相融合的党史学习教育资源。

本案例由上海市文来中学王洁老师提供。

【实例3-24】课题成果转化为论文

▲课题名称：基于传统文化传承的小学水墨文化课程开发研究

一、选题缘由

（一）政策层面

党的十八大以来，国家高度重视中华优秀传统文化在基础教育中的传承。2014年教育部颁发了《完善中华优秀传统文化教育指导纲要》，明确了传统文化传承的重要性；2017年中共中央办公厅、国务院办公厅联合印发《关于实施中华优秀传统文化传承发展工程的意见》，从课程、教材建设等八个方面要求强化中华优秀传统文化教育；2021年教育部又印发《中华优秀传统文化进中小学课程教材指南》，明确指出要将优秀传统文化教育与教材及学校课程建设进行深度结合。

（二）现实层面

目前水墨课程的开发多数局限在美术学科领域，注重技能教学，开发不够全面，传统水墨文化的育人价值还没有得到很好的开发与利用，对传统文化的显性形式传承研究较多，但很少体现隐性的道德情操、审美情趣，对"传承什么、如何传承"的研究还不够清晰。传统水墨文化的传承与发展对国家及民族有着重要的意义，学校更是责无旁贷。我们有必要从现状出发，厘清传统水墨文化的内涵，明确其育人价值，并以此为基础，探寻传统水墨文化的课程实施路径，以使传统文化真正融入水墨课程，实现传统水墨文化的传承。

（三）理论层面

1. 传统水墨文化传承与发展的需要

水墨作为中华优秀传统文化之一，承载着中华民族的精神内核和审美情趣，是中华传统文化的显性存在，除外显的艺术表征外，更是集中体现了中华传统审美情趣及道德情操，是学校教育的重要课程资源。然而，在西方多元文化的冲击下，传统水墨文化自身的传承与发展问题，应成为我们必须面对与思考的重要问题。作为教育者，我们更应思考如何从学校层面实现传统水墨文化的传承与发展。

2. 实现传统水墨文化育人价值的需要

首先，小学生对水墨文化的学习一方面承载着对传统水墨文化继承和发展的任务，另一方面彰显着学生进行自我创造和促进审美素养全面提高以及人格完善的任务。但传统水墨的教学体系忽视了学生精神世界和认知能力的现实基础，也忽视了学生本身的自我感受和创造意识。那么，信息时代，针对学生心性浮躁、意志薄弱等问题，如何从传统水墨文化中汲取精髓，并依据小学生的心理特征，有效地通过水墨文化学习提升学生的审美素养和艺术表现力，并进一步完善学生的人格，实现自我完善、自我超越，需要我们进行深入的实践、探讨和研究。

（四）个人层面

前期我们完成了与本课题相关的江苏省"十三五"规划课题"小学'水墨人生'校本课程的开发与实践"的研究，厘清了水墨文化的教育内涵，指出其本质是"清、雅、秀、骨"的士人品格，并在此基础上建构了学校基础课程、社团课程、新星课程的螺旋上升式水墨三级课程体系，编写水墨表现类读本5册，发表相关论文5篇。前期的研究成效集中在水墨表现课程领域，我们希望在此基础上，继续从文化传承的角度丰富课程的类型与内涵，建构文化育人的水墨文化课程群。为更好地开展研究，课题主持人在原有基础上又进行了深入研究，查阅相关领域文献。

二、研究内容

（1）基于传统文化传承的小学水墨文化课程的理论构建。本研究拟通过专家访谈、文献研读，梳理传统水墨文化的内涵，挖掘传统水墨文化的教育价值，从艺术表现、审美情趣、道德情操三个领域，分类提炼水墨文化的传承要素，为课程开发奠定理论基础。

（2）基于传统文化传承的小学水墨文化课程的设计研究。在水墨文化三个领域传承要素的基础上，分领域、分学段构建小学水墨文化课程的目标体系；依据水墨文化课程目标，形成由指向艺术表现的水墨表现类课程、指向审美情趣的水墨鉴赏类课程和指向道德情操的水墨品格类课程共同组成的水墨文化课程群。

教师如何
写论文

（3）基于传统文化传承的小学水墨文化课程的实施研究。课题拟结合水墨表现课程、水墨鉴赏课程及水墨品格课程的不同形式与内容，从学科渗透、项目学习、社团活动、主题实践等多方面，探索小学水墨文化课程的实施策略；并结合课程的实施，从师资、场地、培训等多方面探究推进课程实施的支持策略。

（4）基于传统文化传承的小学水墨文化课程的评价研究。本课题拟依据传统水墨文化的内涵、传承要素及水墨文化课程目标体系，结合学情，总结、完善小学传统水墨文化传承效果的评价量表；同时从评价的各个维度出发，总结出利于学生发展、教师发展、学校发展的课程评价方法。

案例来自：江苏师范大学附属学校魏会老师主持的江苏省教育科学"十四五"规划课题"基于传统文化传承的小学水墨文化课程开发研究"（项目编号：T-c/2021/88）。

▲论文题目:《基于文化传承的小学水墨文化课程开发价值及路径》

文章内容概述：

当前小学水墨课程开发中暴露出目标泛化、内容碎化、载体虚化等问题，其主要原因在于对传统水墨文化艺术表现、审美情趣及道德情操等内涵的认识片面、偏颇。基于文化传承的小学水墨文化课程开发要达成其育人及文化传承与发展的双重价值，需要在课程的开发中，回归文化本体，彰显文化传承目标，构建整体性、结构化的课程体系，强调课程内容中传统水墨文化的境域性融入及多元、动态生成，营造水墨文化场域，利用情境体验、学科渗透等方式，建构多元对话与评价机制。

文章结构：递进式结构

一、传统水墨文化的内涵

二、基于文化传承的小学水墨文化课程开发的价值意蕴

（一）育人价值：为以美育人理念夯实重要基础

（二）发展价值：为传统水墨文化注入时代基因

三、基于文化传承的小学水墨文化课程开发的实践路径

（一）目标：突出文化传承，追求文化创新

（二）内容：注重内涵挖掘，强调境域融入

（三）实施：追求本体回归，构建对话机制

（四）评价：关注过程评价，凸显学生主体

［对应本书第208页"研究内容（2）"］

文章引言：党的十八大以来，国家高度重视中华优秀传统文化在基础教育中的传承，相继出台《完善中华优秀传统文化教育指导纲要》《关于实施中华优秀传统文化传承发展工程的意见》等政策文件，明

确指出要将优秀传统文化教育与教材及学校课程建设进行深度结合。水墨作为中国文化孕育出的独特艺术形式，承载着深厚的中华优秀文化传统，是古代中国人民的理性、经验和智慧的积累，能够为中国的社会发展和个体的道德发展提供某种意义上的资源。但当前小学水墨课程在开发中暴露出目标泛化、内容碎化、载体虚化等问题，其主要原因在于将水墨课程等同于学科课程，片面追求水墨的艺术表现，对传统水墨内隐的文化内涵关注不够。在特别强调"中华优秀传统文化进课程"的政策背景下，基于传统文化传承的小学水墨文化课程开发，有必要从现状出发，厘清传统水墨文化的内涵，明确课程价值，并以此为基础，探寻实施路径，以使传统文化真正融入水墨课程，实现传统水墨文化的传承。

（文章引言根据选题缘由中的"政策层面和实践层面"来写作）

案例来自：魏会.基于文化传承的小学水墨文化课程开发价值及路径 [J].上海课程教学研究，2022（7–8）：15–20.